銘品、器、伝統と歴史、見方のルールを知る

盆栽・伝統園芸植物の鑑賞知識

盆栽・伝統園芸植物の鑑賞知識製作委員会 編

はじめに

「世界中で一番綺麗な緑は、日本の緑です。

日本人が一番誇るべきものは豊かな緑なのです」と、

世界的なヨーロッパの情報誌『MONOCLE（モノクル）』

編集長タイラー・ブリュレ氏は言いました。

また、海外の植物学者が来日した際は、

ありとあらゆる緑が入り交じっている日本の原生林にたいへん驚き、感動するそうです。

日本の緑には黒い緑もあれば、黄色い緑もあり、

微妙に違う様々な色合いが楽しめます。

また秋の紅葉にしても、例えばカナダの真っ赤なだけの紅葉とは違う、

様々な色合いの美が鑑賞できます。

「日本の木々がいかに豊かであるか知って欲しい」とは、

世界中の森を歩いた森林研究家・稲本正氏。

しかも木々だけではありません。

四季折々を彩る花々も、梅、桜、木瓜、皐月、藤、

紫陽花、菖蒲、百合、朝顔、萩、菊、椿……、

一年を通じ多種多様な美が楽しめるのです。

そして、弥生時代から脈々と受け継がれてきた稲作と農耕。

このように古来より、日本人は豊穣なる自然と植物たちと共に生きてきたのです。

そんな日本人が大の園芸好きになるのは必然と言えるでしょう。

争いのない平和な世の中で庶民が豊かに暮らした江戸時代、園芸文化の花が開きました。

盆栽と伝統園芸は、まさに日本人の豊かな生活文化の「華」なのです。

本書は、その魅力をあますところなくご紹介しています。

目　次

第1章　「盆栽・伝統園芸植物の見方」とは

「盆栽」の歴史 ⋯⋯⋯⋯⋯⋯⋯⋯⋯⋯⋯⋯⋯⋯⋯⋯⋯⋯⋯ 010

「盆栽」とは何か? ⋯⋯⋯⋯⋯⋯⋯⋯⋯⋯⋯⋯⋯⋯⋯⋯⋯⋯ 011

「真の盆栽美」とは? ⋯⋯⋯⋯⋯⋯⋯⋯⋯⋯⋯⋯⋯⋯⋯⋯⋯ 012

日本美の極み・盆栽 ⋯⋯⋯⋯⋯⋯⋯⋯⋯⋯⋯⋯⋯⋯⋯⋯⋯⋯ 013

「盆栽」鑑賞のポイント ⋯⋯⋯⋯⋯⋯⋯⋯⋯⋯⋯⋯⋯⋯⋯⋯ 014

「伝統園芸植物」の芸 ⋯⋯⋯⋯⋯⋯⋯⋯⋯⋯⋯⋯⋯⋯⋯⋯⋯ 016

[葉芸／植物ごとの特徴・芸／花芸]

カエデ・モミジ／ナンテン／マンリョウ／カラタチバナ／ヤブコウジ／サイシン／ツワブキ／セキ
ショウ／オモト／フウキラン／チョウセイラン／ハラン／イワヒバ／マツバラン／アジサイ／ツツ
ジ／サツキ／ウメ／サクラ／ツバキ／サザンカ／ボケ／フジ／ボタン／シャクヤク／カキツバタ／
ハナショウブ／キク／フクジュソウ／ユキワリソウ／サクラソウ／ナデシコ［伊勢ナデシコ］／
ハナバス／アサガオ／ホトトギス／ギボウシ

第2章　盆栽・鑑賞のポイント

ゴヨウマツ［五葉松］⋯⋯⋯⋯⋯⋯⋯⋯⋯⋯⋯⋯⋯⋯⋯⋯⋯ 034

クロマツ［黒松］⋯⋯⋯⋯⋯⋯⋯⋯⋯⋯⋯⋯⋯⋯⋯⋯⋯⋯⋯ 050

アカマツ［赤松］⋯⋯⋯⋯⋯⋯⋯⋯⋯⋯⋯⋯⋯⋯⋯⋯⋯⋯⋯ 060

エゾマツ［蝦夷松］⋯⋯⋯⋯⋯⋯⋯⋯⋯⋯⋯⋯⋯⋯⋯⋯⋯⋯ 067

スギ［杉］⋯⋯⋯⋯⋯⋯⋯⋯⋯⋯⋯⋯⋯⋯⋯⋯⋯⋯⋯⋯⋯⋯ 071

ヒノキ［檜］⋯⋯⋯⋯⋯⋯⋯⋯⋯⋯⋯⋯⋯⋯⋯⋯⋯⋯⋯⋯⋯ 072

シンパク［真柏］⋯⋯⋯⋯⋯⋯⋯⋯⋯⋯⋯⋯⋯⋯⋯⋯⋯⋯⋯ 074

トショウ［杜松］⋯⋯⋯⋯⋯⋯⋯⋯⋯⋯⋯⋯⋯⋯⋯⋯⋯⋯⋯ 080

カエデ・モミジ［楓・紅葉］⋯⋯⋯⋯⋯⋯⋯⋯⋯⋯⋯⋯⋯⋯⋯ 082

シデ・ソロ［四手・そろ］⋯⋯⋯⋯⋯⋯⋯⋯⋯⋯⋯⋯⋯⋯⋯ 096

ツツジ［躑躅］	098
サツキ［皐月］	100
ウメ［梅］	108
サクラ［桜］	118
カリン［花梨］	126
サンザシ［山査子］	128
ヤマナシ［山梨］	129
ヒメリンゴ［姫林檎］	130
ボケ［木瓜］	131
ツバキ［椿］	132
ヒメシャラ［姫沙羅］	138
フジ［藤］	140
ヤマガキ［山柿］	146
ウメモドキ［梅擬］	148
ケヤキ［欅］	149
ブナ［橅］	150
コナラ［小楢］	151
ノイバラ［野茨］	152
アケビ［木通］	154
イチジク［無花果］	155
ススキ［薄］	156
アシ［葦］	157
ガマ［蒲］	158
ニッコウキスゲ［日光黄菅］	159
シロバナヒガンバナ［白花曼珠沙華］	160

第3章　伝統園芸植物・鑑賞のポイント

アジサイ［紫陽花］……………………………………162

カキツバタ［杜若］……………………………………168

ハナショウブ［花菖蒲］………………………………172

キク［菊］………………………………………………176

フクジュソウ［福寿草］………………………………178

ユキワリソウ［雪割草］………………………………180

サクラソウ［桜草］……………………………………184

サザンカ［山茶花］……………………………………186

ナデシコ［撫子］………………………………………190

ハナバス［花蓮］………………………………………191

アサガオ［朝顔］………………………………………192

ボタン［牡丹］…………………………………………194

シャクヤク［芍薬］……………………………………198

ホトトギス［杜鵑草］…………………………………202

サイシン［細辛］………………………………………204

ツワブキ［石蕗］………………………………………205

マツバラン［松葉蘭］…………………………………209

イワヒバ［巻柏］………………………………………212

シノブ［忍］……………………………………………216

セキショウ［石菖］……………………………………217

オモト［万年青］ ……………………………… 222

ハラン［葉蘭］ …………………………………… 226

ナンテン［南天］ ………………………………… 228

マンリョウ［万両］ ……………………………… 231

カラタチバナ［百両金］ ………………………… 232

ヤブコウジ［紫金牛］ …………………………… 236

フウキラン＝フウラン［富貴蘭＝風蘭］ …… 240

チョウセイラン＝セッコク［長生蘭＝石斛］ …… 242

ギボウシ［擬宝珠］ ……………………………… 244

斑入り植物 ………………………………………… 250

索引 ………………………………………………… 253

参考文献 …………………………………………… 255

※盆栽について、銘のわかるものは「銘」「樹高」「鉢の種類」を記載しています。
※伝統園芸植物について、品種名は索引を参照してください。

第 1 章

盆栽・伝統園芸植物とは

「盆栽」の歴史

　日本独自の四季のある風土が古（いにしえ）より日本人の美意識や人生観を育み、「和」の文化を成熟させました。

　「和」の文化とは、豊かな自然をさまざまな形で暮らしの中に取り入れた生活文化です。例えば茶道がそうであるように、衣食住の日々の暮らしの中にこそ「和」の文化の真髄があります。

　海外においては今や「和」の文化の代表的な存在となった盆栽。この盆栽も、詩歌や山水画とともに千年以上の歳月を通して、日本人の生活に潤いを与えてきたものです。

　盆栽は、平安時代に中国から入ってきた「盆景」が日本独自の美意識を経て洗練されたものとされています。中世の絵巻物にも登場し、平安時代の貴族が庭で愛好していたことが伺えます。

　能に「鉢木」という演目もあり、鎌倉時代には武士階級の趣味として盆栽が広く普及していたことがわかります。江戸時代になると盆栽の栽培が盛んになり、盆栽趣味や園芸は一気に興隆しました。

　明治時代以降も盆栽は「粋」な趣味とされていました。しかし、その培養管理・育成には水やりなどの手間がかかり、立派な樹を育てるには永い歳月も必要とされます。生活環境の推移も相まって、次第に愛好者は時間的余裕のある熟年層が多くなりました。そのため戦後から1980年代ぐらいまでの間は、年寄り臭い趣味の代表例とされたこともあります。

　しかし、1990年代以降、盆栽は海外で注目を集め、今では「BONSAI」が全世界の共通語となっています。

　イギリスでは盆栽キットなるものが大ヒットし、フランスでは盆栽専門誌が人気を呼び発行部数も1万部を超えると言います。イタリアのミラノには盆栽大学まであるのです。その大学を経営するのは盆栽園や出版社を持つ盆栽専門の企業じあり、そのような盆栽専門の大会社はスペインにもあります。

　今や欧米において盆栽は茶道、歌舞伎、能、浮世絵などと同じく、日本の優れた伝統文化としての地位を確立し、セレブたちも愛好しているものなのです。

「盆栽」とは何か？

盆栽が他の「鉢植え」や「植木」と違うのは、「盆」である鉢と「栽」である植物が対等の立場にあるところだと言われています。つまり、草木と同じくらい鉢の美、そして草木と鉢の調和が求められるのです。

想像してみてください。もし鉢が草木よりも大きくてバケツのようだったら？　きっと草木は小さく見え、盆栽特有の雄大な景色が生まれることは決してないでしょう。

その鉢の中に、無限に広がる山水の理想の景観を見い出していく。盆栽には「鉢の中の小宇宙」という表現もよく使われます。

そして、やはり誰もが惹かれる盆栽の一番の見どころは、生きている草木が四季折々に見せる表情にあります。春の芽出し、初夏の新緑、秋の紅葉、冬に落葉した樹姿もその枝ぶりが味わえると盆栽愛好家に好まれています。

盆栽は種類も豊富で、梅、桜、藤、皐月……、季節に応じて咲き誇る花々の美しさを楽しむ花もの盆栽。柿、栗、梨、紫式部、梅擬……、実を付けた風情のある姿を楽しむ実もの盆栽。楓、欅など、枝葉の風情を楽しむ落葉樹の雑木盆栽。一年中緑を保ち続ける強い生命力を感じさせる松類や杉など、常緑樹の松柏盆栽。そして、山野の草花を愛でる草もの盆栽。

大きさによっても、樹高が20cm以下の小品盆栽（ミニ盆栽とも言います）、樹高が20cmから40cmくらいの中品盆栽、それ以上の大きさの普通盆栽。また、石に植え付けたり、樹を何本も寄せて林のように植え付けたりする寄せ植え等の、創作盆栽というジャンルもあります。

また、盆栽の世界では基本的な「型」として、樹形という分類があります。真っ直ぐの幹のものは「直幹」、斜めのものは「斜幹」、曲がっているものは「模様木」、幹が鉢より下に垂れ下がっているのは「懸崖」。幹が一本だと「単幹」、二本だと「双幹」、それ以上は「三幹」「五幹」「七幹」……、三本以上は奇数がいいとされ、一株から何本も幹が出ているものは「株立ち」と呼ばれます。

何本もの樹を植え付けたものが「寄せ植え」。幕末の文人たちが好んだという、細い幹に余分な枝葉の無い「粋」な樹姿の「文人木」という樹形もあります。

一口に「盆栽」と言っても、実にさまざまな樹種があり、ジャンルがあり、さまざまな楽しみ方ができるのです。一旦足を踏み入れると、無限とも言える広大な世界が広がります。

「真の盆栽美」とは？

本書でご紹介している盆栽の大部分は、日本を代表する盆栽愛好家・故髙木禮二氏が育んできたものです。明光商会創立者であり、シュレッダーの発明家でもある髙木氏は、総額時価100億とも言われた盆栽や鉢の「髙木コレクション」を創り上げました。

現在、海外からの観光客も訪れる「さいたま市大宮盆栽美術館」の盆栽や鉢は、質・量ともに世界一であった「髙木コレクション」の一部です。

その稀代の盆栽愛好家・故髙木氏が「真の盆栽美」について語った言葉をご紹介しましょう。

「盆栽をやっているからこそ、私はビジネスの世界でも成功でき、豊かな人生を送れているのだと思います。いかに生きるべきか、ということを盆栽が教えてくれるのです。『自らに厳しく、命がけで生きてきた人ほど盆栽に惹きつけられる』と、ある盆栽の大先輩が言っておられました。私もまったく同感です。自分に厳しく成長し続けようとした人ほど盆栽に同調し、盆栽の中に美を発見するのではないかと思うのです。

永い歳月、厳しい自然に育った盆栽は、実に多くのことを語りかけてくれます。また、自然が歳月をかけて育んだ樹姿というものは、決して見飽きるということもありません。一方、人工美はやがて飽きがきます。大自然が生みだした美こそ『真の盆栽美』なのです」

髙木氏はこうも語っています。

「動くことのできない植物は、与えられた環境がどんなに厳しいものであろうとも逃げることができません。対決するしかないのです。そして、生き続けているということは、過酷な運命に勝ち続けてきたということ。その勝利の証がしっかりと刻まれ、品位・風格のある樹姿となっているのです。厳しい自然を生き抜いた盆栽ほど荘厳な美を感じるのは、そういうことなのではないでしょうか。

人も、人生も、同じことが言えます。甘えた環境でぬくぬくと育ったのでは、決して魅力的な人物にはなれません」

日本美の極み・盆栽

　日本美の伝統のために生きた文豪・川端康成は、盆栽の名品を集めた写真集『日本盆栽大観』の中で「盆栽には世界で無類冠絶する、日本の伝統があり、現在がある」とまで言い切っています。
　「優雅繊細な草木と四季との国土に、日本民族の心情も芸術も養われて来たが、盆栽には四季がもっとも微妙に現れて愛でられる」
　川端康成は「美しい日本の私」と題したノーベル文学賞受賞記念講演においても、四季折々の自然美を凝縮し、愛でることが日本美術の特質であり、その極みとして盆栽をあげているのです。
　また、大の盆栽愛好家で日本盆栽協会会長も務めた岸信介元首相はこう語っています。
　「盆栽は水をやったり、芽をつんだり、あれこれと世話をすると、ちょうど飼い犬が主人になつくように、四季折々に媚態を見せたり、栄養分を要求したりという具合に話しかけてくる。一鉢のケヤキ、一鉢の松と水入らずで語り合う境地、これが盆栽趣味の妙境というものであろう」

　岸元首相は、盆栽のある暮らしは人の心身を和やかにすると信じ、政治家の盆栽愛好家もたくさん育てました。おそらく、岸元首相自身も何度となく盆栽たちと語り合い、元気を貰ったに違いありません。
　日本人の豊かな感受性の結晶である盆栽は、実にさまざまなことを語りかけてくれるのです。

　盆栽は決して難しいものではありません。
　ただ、じっくり時間をかけて向き合えばいいのです。すると、盆栽の背後にいろいろなものが浮かんでくるようになります。
　樹そのものの生長の軌跡、日本の風土や自然環境。ひいては、関わってきた人々の営みすら感じることができるでしょう。そこには無限とも言える、豊穣なる世界が広がっているのです。
　あなたが心を開いて向き合いさえすれば、盆栽の方から静かに語りかけてきてくれます。彼らが語りかける自らの芳醇なる「生命」の物語に耳を傾ければいいのです。

「盆栽」鑑賞のポイント

　盆栽の世界では一般的に、樹姿の良し悪しを主に四つのポイントでチェックします。四つのポイントとは「根張り」「幹のこけ順」「枝振り」「葉性」の良し悪しです。

根張り

　土の上に出ている根元を「根張り」と盆栽界では言います。根が大地を掴むように土の上に力強く張っていること、八方へ根が張っていることが望ましいとされ、「根張りが良い」という言い方をします。

　この八方へがっしりと張った根が鉢の中でいっぱいになってくっついてしまった「盤根」という姿形も、もみじの盆栽等に見られます。

幹のこけ順

　根元から上にいくにつれ幹がだんだん細くなっているのが理想とされています。盆栽界では、幹の「こけ順が良い」と言います。幹が先細りになっているプロポーションですと、鉢の中の樹が大きく高く見えるようになるのです。

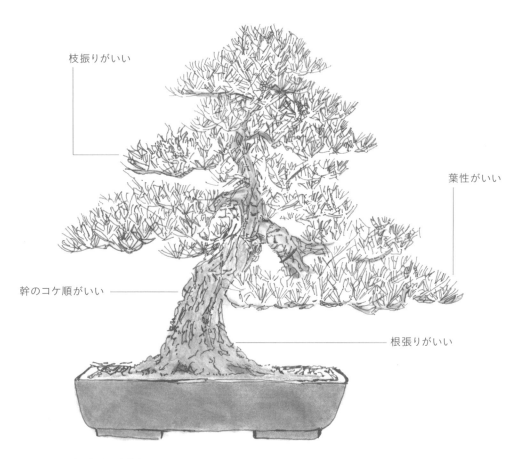

枝振り

基本的には根元から上にいくにつれ、枝が短くなり、樹の形が不等辺三角形になってバランスのとれた状態に枝がついていると、「枝振りが良い」と盆栽界では言います。

整った枝組みとしては、タブーとされている「忌み枝」が無いことがまず基準になります。「忌み枝」とは以下のような枝です。

「閂枝(かんぬきえだ)」は、幹の同じ所から左右に出ている枝のことです。槍や矢で身体が貫通されたように見えるので、昔から避けられています。

「車枝」は、幹の同じ所から数本の枝が車輪状に出ていることです。

「絡み枝」は、枝が伸びて他の枝と絡んでしまっている枝のことです。

「交差枝」は、主要な枝や幹と交差する枝のことです。

「逆さ枝」は、他の枝とは逆向きに幹の中心や下向きに向かった伸びる枝のことです。

「立ち枝」は、枝から垂直に上に向かって伸びた枝のことです。

「幹切り枝」は、幹の前を左右に横切っている枝のことです。

「向かい枝」は、手前に突き出るように伸びた枝のことです。

「並行枝」は、枝が同じ方向に重なるように出ている枝のことです。

「ヒコバエ」は、根元や地中から勢いよく伸びた小枝のことです。

葉性

葉の形態、大きさ、色つや等が良いことを「葉性が良い」と盆栽界では言います。同じ種類の樹なら、葉は小さく細かく繁茂するものほど良く、成育期には生気に満ちた葉色の濃いもの、新緑や紅葉等の季節の変化がしっかり出るものが「良い葉性」とされています。

「伝統園芸植物」の芸

伝統園芸植物とは

　本書で紹介する植物の由来はそれぞれ異なりますが、古くから日本人の暮らしに根づいたもので、1種または複数の野生種を起源とし、多くの園芸品種をもちます。いずれも深山幽谷に産するものではなく、身近な山野で日常的に目にすることができます。「植物を見る」という行為は、文化によるものと言われています。日本は南北に長く、四季の移ろいがあります。植物は冬の厳しい寒さを乗り越え、芽吹き、花を咲かせて春を迎える喜びを与えてくれます。明るい緑の葉は、生命の力強さであり、夏の一服の清涼剤にもなり、風に揺れる黄金の稲穂、紅葉は秋の豊穣な恵みをもたらす象徴だったでしょう。雨が多く、植物相は多彩。木で家を造り、農耕儀礼や祭祀、行事には植物は不可欠な存在です。古くから、絵画や彫刻、着物や焼き物など工芸品のモチーフにもなってきました。暮らしの中には常に植物が存在し、「植物を見る」ことに対し高い感性をもっているといえましょう。

　こうした高い観察眼で選ばれた植物を、身分の高い人々は庭園に、庭を持たない庶民は小さな鉢で育て、時に郊外の名所に出かけ楽しみました。後述するような、細かな「芸」を持つ植物を収集する人々は、野生種に比べ弱く、栽培が難しい、作り手の技量が表れる「作」を、価値を判断する要素のひとつにしていました。武士の間では、特定の植物を決まった「型」で育てる方法を、門外不出として精神修養の一環としたりすることもありました。植物には風雅な古歌や漢詩に因んだ名をつけ、独自の観賞作法で、「芸」をより美しく観賞するための専用の鉢などを作り、植物の価値を高める独自の文化が生まれました。時には希少性に重きが置かれ、投機的な売買も行われていました。これ

らの植物を見直すと、なぜこの植物が注目されたのか、どうしてこのような選抜をしたのか、よくわからないものもありますが、他の人とは違うものを持ちたいというマニアの気質、収集熱など考えれば、より珍品.奇品に心が動く、「現代」に通じる人間くささも浮かび上がります。

　現在では、生活の場に近い山野は開発が進み、多く園芸品種の母体となった野生種には絶滅の危機に瀕したものもあります。植物を使った季節の行事も少なくなり、娯楽が増え、植物を育てる機会も減り、感受性も鈍くなってきているかもしれません。伝統園芸植物は、西洋の華やかな植物の陰に隠れ、作り手が減り、その技術の継承や植物そのものまでも失われかねない状況です。加えて、愛好家の領域で発展してきたため、安定した保存機関がないこと、品種名の統一が十分ではないことなど課題も多く残されています。本書を入口として、愛好者が増え、課題を1つずつクリアし、「現代」の植物として捉え直す一助になればと願っています。

葉芸

　斑入り葉は様々な植物に見られます。葉は一般的には、全葉緑色ですが、時として一部に色素を持たず、白や黄色などが斑状に入る、または他の色素が入る葉が出ます。

　斑入りには大きく分けて遺伝する自然斑と遺伝しないキメラ斑の2つがあります。自然斑は模様斑や地模様などと呼ばれ、伝統園芸植物ではサイシンやユキワリソウに見られます。キメラ斑は葉の中に葉緑素を含む組織と含まない組織が混在することで起こります。斑の入り方は様々で、名前がつけられています。

● 斑入り

1. 覆輪（葉の縁が白または黄色になったもの）色：白覆輪、黄覆輪、紺覆輪/白色の面積：深覆輪、細覆輪、糸覆輪/白色の状態：覆輪くずれ、砂子覆輪、覆輪縞など。2. 中斑・内斑・中押え（葉の中央に白または黄色の部分が入るもの）。3. 爪斑（葉先だけが覆輪状になるもの）。4. 掃込み斑（葉の中央から葉縁にかけて斑が入るもの）。5. 蹴込み斑（葉縁から葉の中央に向かって斑がわずかに入るもの）。6. 切斑・源平斑（葉の中央を境として片側が緑と白や黄色になるもの）。7. 縞斑・縦斑・条斑（白や黄色の縞が葉に縦に入るもの）。8. 散斑（細かい白や黄色の点が全面に入るもの）斑の大きさによる分類：砂子斑、星斑、霜降り。9. ぼた斑（白や黄色の斑点状の斑で、境界がぼやけたもの）斑の状態による分類：曙斑、虎斑。10. 段斑・蛇の目斑（葉に横縞の入るもの）。11. 脈斑・網斑（葉脈の色が異なり、模様になる斑）。12. うぶ（葉全体が黄または白色になるもの）。

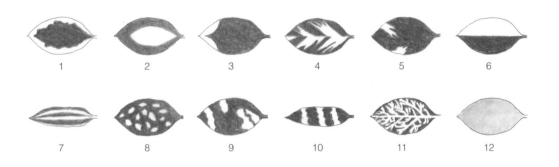

植物ごとの特徴・芸

カエデ・モミジ ［楓・紅葉］　　Acer cv.　カエデ科

斑の入り方は共通で、葉型が種類・品種によって異なる。

1.掌状型（ヤマモミジ型）：最もなじみのある葉型、鋸歯の入り方、葉柄までの切れ込み深さの違いにより個別に分類されるもの。　2.掌状深叉型：切れ目深いもの。　3.細掌状深叉型：裂片葉細く葉基まで切れ込んでいるもの。　4.羽扇状型（ハウチワカエデ型）：葉が複雑に切れ込むもの。

ナンテン ［南天］　　Nandina domestica　メギ科

以下の葉芸が単独ではなく、複合芸となったものを観賞する。

［葉型］

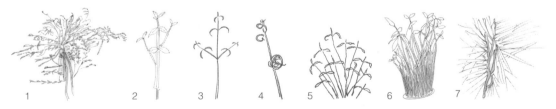

1.錦糸：葉片が小さく、葉柄も細く糸のようになり、葉が密生するもの。　2.筏：葉柄が2本から数本くっついて筏を組んだような形に見えるもの。普通葉種、錦糸系、折鶴系にも現れる。　3.奴：茎が細く、葉が変形し、鍵状に曲がったもの。　4.鶴・折鶴：葉柄が蔓になって、くねったり巻いたりするもの、葉も反りかえり巻く。名の由来はこの姿が鶴の舞ったように見えることから。普通葉種、錦糸系にも現れる。　5.縮緬：細かい葉と極細く短い葉柄が密になり、縮緬状になったもの。　6.千本・ちもと：1株から何10本も株立ちするもの　7.棒：小葉がなく、葉軸だけになったもの。　8.その他　・赤芽：新芽が赤味を帯び、紅葉も美しい。　・青芽：新芽が青味を帯び、紅葉しない。　・青棒：軸が青い。　・赤棒：軸が赤い。

マンリョウ［万両］　*Ardisia crenata*　ヤブコウジ科

斑の入り方は共通で、斑と以下の葉型、実の色などの組み合わせによる複合芸を観賞する。

[葉型]

　　1　　　　　　2　　　　　　3　　　　　4　　　　　5

1.長葉　2.中葉　3.丸葉　4.軍配葉　5.細葉　6.変り葉.狂葉（葉が縒れたもの、その度合いにより、狂葉→狂巻き→獅子葉）。　7.縮緬葉.葉脈沿いに刷毛状のしわが出る葉。　8.多羅葉.葉脈の部分が凹み、葉肉が突出している葉。　9.平葉.通常中央部が凹み、V字になる葉が平面状になる葉。

[葉先の形]

  　　1.長止め
　　1　　　　　2　　　　　3　　　　　　2.丸止め
　　　　　　　　　　　　　　　　　　　　3.剣止め

[葉色]　1.青葉.斑がない緑色の葉。　2.紺地葉：黒色に近い緑の葉。　3.照葉.光沢のある葉。
[実色]　1.雪白実　2.乳白実　3.黄実　4.赤実　5.桜色実　6.赤紫実　7.斑実：実に虎斑が入るものと、縞斑が入るものがある。　8.立実.通常吊り下がって付く実が上向きになる。
[幹の芸]　雲竜の幹（1葉ごとに茎が屈曲する）。
[幹の色]　青木、紅木、赤紫木、白木
[出芽]　トキ色、朱色、黄色、白色、青色、淡紫色

カラタチバナ［百両金］　*Ardisia crispa*　ヤブコウジ科

斑の入り方は共通。独自のものとして、松平斑（純白斑が大きく葉面に入り、葉裏まで染め抜いているもの、カラタチバナの斑の中では最も見ごたえのある芸）、武七斑、地斑、覆輪、爪斑、錦（覆輪の中に斑が入るもの）、斑と以下の葉型、実の色などの組み合わせによる複合芸を観賞する。

[葉型]

　　1　　　　　2　　　　　3　　　　　4　　　　　5

1.柳葉　2.笹葉　3.柿葉　4.枇杷葉　5.武七葉（不定形の葉をいう）

[葉色]　1.青葉　2.萌黄葉
[葉芸]　1.多羅葉：平葉が変化して葉面にしわができ、縮んだ形状。　2.薄多羅葉：多羅葉のしわの凸凹が緩やかになったもの。　3.岩石：多羅葉の形状がさらに強く顕著となり、葉面の凸凹が激しいもの。　4.鳳凰：ゆったりとうねりのある葉形。　5.伊達縄：細葉で葉先が剣止めとなり、縄をなうようによじれながら巻き上がる。　6.麒麟獅子.葉先に爪を出してうねりながら巻く。　7.上巻.両手を上に上げたように展葉する。　8.縮緬.柳葉で小葉、葉脈沿いに刷毛状のしわが走り、葉は薄葉で葉縁に小さな刺があり、葉先に爪を出して縮れた状態のもの。

[実色]　白色、紫色、黄色、茶色、桃色、赤色
[幹の色]　1.赤木：透け白にほんのりと赤味を注した色合い。白色、桃色、赤色の実がつく。　2.大明：濃赤色に紫がかった色合い。出芽、葉柄、葉脈も同色となる。濃い赤実。　3.紫木：濃い赤色に紫がさらに加わり、大明より黒ずんだ赤色。紫を帯びた実。　4.蜀紅.濃い赤紫が濁って茶味がかった色合い。濃い赤紫色の実、茶色の実。　5.青木：緑葉がやや薄くなり、葉裏のような明るい色。赤色、黄色の実。　6.萌木：早春の芽立ちのような浅い黄緑色。黄色、橙色の実がつく。　7.更紗：乳白色で白く透けたような色合い。黄色、薄桃色の実。

ヤブコウジ [紫金牛]　　*Ardisia japonica*　ヤブコウジ科

斑の入り方は共通。独自のものとしてコンペ（葉縁に沿った白色、緑色、散斑等の金平糖のような突起物。ヤブコウジで最も珍重される芸）、階変わり（春に出た葉と秋に展開した葉の芸ががらりと異なり、別品種のような観があるもの）。葉型は、同属のマンリョウのような長葉、中葉、細葉、丸葉とカラタチバナのような武七葉。葉芸は、多羅葉、縮緬。これに斑入り、コンペが組み合わせによる複合芸を観賞する。ヤブコウジ科3種の中では最も斑が多彩であるが、実を観賞する品種は少ない。

[葉型]

サイシン [細辛]　　*Asarum cv.*　ウマノスズクサ科

自然斑とキメラ斑が混ざった葉模様の芸に独自の名がつく、「柄」と呼ばれる柄、葉の質感、襟合わせなどの複合芸を、特に新葉が出そろう頃に観賞する。

[葉型]　豊かな丸味を帯びた円形が最も良いとされる。
　　　　　1.丸形　2.卵（小判）形　3.心型　4.やじり形（楕円先細り型）
[襟合わせ]　葉の基部の左右の葉片の重なり具合。葉の左右の基部襟合せが重なるものを良しとする。

1　　　　2　　　　3　　　　4

1.開く
2.合う：普通種。
3.浅い：少し左右が重なる。
4.深い：葉柄の根元が見えないくらい重なる。

[葉柄]　軸と呼ぶ、通常は濃紫色で、青軸（その濃い色が抜けて緑色になったもの）もある。
[地合]　葉の表面の質感をいう。
　　　　　1.輝葉物：光沢がある葉。
　　　　　2.毛葉物：毛の多い葉。
　　　　　3.打出：葉脈が陥没して葉の表面に凹凸の出るもの。
　　　　　4.羅紗地：厚地の葉。

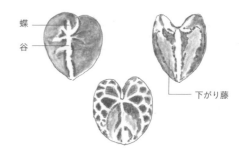

蝶
谷
下がり藤

ツワブキ　　*Farfugium japonicum*　キク科

斑の入り方は共通である。

1　　　　2　　　　3

1.獅子葉：葉の縁が波状のひだになる。
2.縮緬葉：葉の表面全体が不規則なしわになる。
3.紅葉葉：葉の縁に紅もみじのような切れ込みが入る。リュウキュウツワブキ。

セキショウ [石菖]　　*Acorus gramineus*　ショウブ科

斑の入り方は共通。独自のものとして、天鵞絨（ビロード）（矮性で葉身が短く、濃緑色で光沢がある）、両根性（通常、根茎の片側に出る根が、両側に出る性質があるもの、雅趣が高いとされる）がある。

オモト［万年青］　*Rohdea japonica*　キジカクシ科

斑の入り方は共通。斑と以下の葉型、立ち姿などの組み合わせによる複合芸を観賞する。

[葉の大きさ]
1.大葉：葉長 約30cm。薄葉系と呼ぶ。　2.中葉：葉長 約15〜30cm前後。薄葉系に含むことも。
3.小葉：葉長 約15cm以下。厚葉系と呼ぶ。

[葉形]

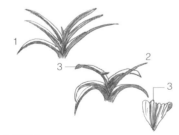

1.細葉：葉が細く披針形となるもの。
2.剣葉：葉が剣のように細く鋭く出るもの。
3.竜葉：葉脈に沿って、細く葉を張り合わせたような隆起がある葉、突起の本数、出方などにより、下記のような名前がつく。
・甲竜：葉の中央の葉脈に沿ってひだが現れる、葉裏に出ることもある。
・跳ね竜：竜の先が上へ跳ね上がっているもの。
・群雀：葉の先端に雀のくちばしのような玉が出るもの。

[葉姿]

1.立葉：根元から葉が真っすぐ立ち上がり、折り下げがないもの。
2.折り下げ葉：葉が根元から折り下がり、水平に葉が伸び、葉重ねがよく、襟組みがそろう。
3.獅子葉：折り下げが進み、葉先が1回転以上巻き込むもの。

[葉の厚み]　厚葉と薄葉に分かれる。

フウキラン［富貴蘭］　*Vanda falcata*　ラン科

斑の入り方は共通で、斑と以下の葉型、付け、筬（さお）などの組み合わせによる複合芸を観賞する。

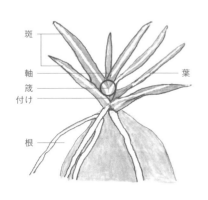

[葉型]

1.並葉：一般的な葉、葉の幅、厚さに幅がある。　2.受立葉：葉先が上にわずかに湾曲する葉。　3.狂い葉：葉が四方に出るもの。その様子が獅子のたてがみを連想させることから品種名に獅子が入るものが多い。　4.湾曲葉：弓のように大きく弧を描いて反るもの。　5.厚葉：並葉に比べ極端に葉肉が厚いもの。
6.豆葉：葉先が丸く小さな葉。　7.一文字：葉幅が狭く、一直線に葉を伸ばすもの。　8.針葉：細く鋭い形の葉。　9.甲龍葉：葉の中央の溝に突起した葉が重なるもの。　10.熨斗葉・管葉：葉の一部が閉じて、管状になったもの。

[軸]　着物の襟のように葉の重なった部分。
1.青軸：青いもの。　2.透軸：少し濁るもの。　3.泥軸：小豆色。

[筬]　葉の付け根の重なり具合。

[根]　生長期にできる根先の境界線の色。青、ルビー、赤、茶など。

[花]　花色は原種の白色の他、漆黄色、濃黄色、紅紫色、淡紫色。甘い芳香がある。

[付け]
葉と鞘部の境目、この違いで品種名を分けられるほど重要な芸である。

1.一文字型　2.月型　3.弓型　4.山型　5.波型

チョウセイラン [長生蘭]　　*Dendrobium moniliforme*　　ラン科

斑の入り方は共通である。

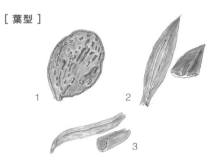

[葉型]

1.丸葉：先端が丸く、幅は広めの葉。　2.甲龍葉：葉脈に沿って、細く葉を張り合わせたような隆起がある葉。　3.樋葉：中央の葉脈から両端が跳ね上がり、断面がV字またはU字になった葉。

[地合]　葉の表面の質感をいう。
1.羅紗地：葉の表面に羅紗のような凹凸があるもの。
[軸（矢）]　草本では茎のように見える部分。弓矢の矢に似ていることからついた名称である。
1.飴矢・透け矢：緑色が消えてべっ甲色に透けるように変化したもの。　2.青矢：緑色の軸。　3.泥矢：表面に赤い色素がのり、褐色・紫色を呈するもの。
[花]　花形は3弁花、4弁花（十字咲き）、6弁花（六歌仙）、円弁花（梅弁花）、兜咲き。花色は、白色、桃色、爪紅、淡黄色など。淡い芳香がある。

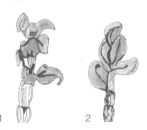

[葉のつき方]

1.千鳥芸：樋葉に紙を揉んだようなしわが入り、波打ったようになる芸。
2.牡丹芸：葉の縁がスプーンのように舌状になり、重なり合う芸。

ハラン [葉蘭]　　*Aspidistra elatior*　　キジカクシ科

斑の入り方は共通である。葉面に大きなシカミ（大きなしわ）の出るものもある。

[葉形]　並葉、広葉、細葉、狭葉、お多福（葉幅が広く、葉柄が短い）。
[葉の厚み]　厚葉、並葉、薄葉。
[草姿]　双生といい、葉が1本ずつ出るところに、2本ずつ葉が出るものがある。

イワヒバ [巻柏]　　*Selaginella tamariscina*　　イワヒバ科

葉型と葉色の組み合わせによる複合芸を観賞する。

[葉形]
1.常葉：扇状に枝を広げる。
2.一本葉・竜葉：葉が1本だけ紐状に長く伸びる。
[葉色]
青葉物（斑が入らない）、斑入り葉。

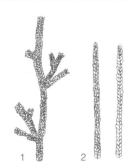

マツバラン［松葉蘭］　*Psilotum nudum*　マツバラン科

姿と色合い、質感などの組み合わせによる複合芸を観賞する。

［姿］　全体の形。最も重視される。

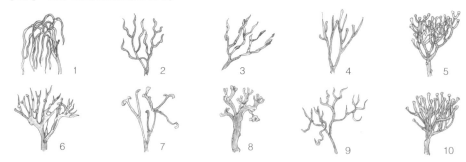

1. 柳：分枝した先が柳のようにしだれる。　2. 縮緬：枝が縮れ、さざ波状に屈曲する。　3. 捻(ひねり)：枝や茎全体がねじれる。　4. 棒：茎の断面が丸く、すんなり伸びて棒状になる。　5. 九十九(つくも)：枝が多く分枝し、小枝が密生する。　6. 石化(せっか)：軸または枝の先端が平に扇形に癒着したようになる。　7. 霊芝(れいし)：枝先が石化し、丸く巻き込んだような形になる。　8. 角：枝の分枝が鹿の角のような形状。　9. 折鶴：折り紙の鶴のように枝先が屈曲するもの。　10. 獅子：一箇所から多くの枝が分枝し、不規則に伸びる。太軸に見られる。

［斑］　色と現れる部分の相異を指す。四季を通じて色彩の変化するものがある。
［質］　表面の質感や量感をあらわす。羅紗、しかみ、滑肌、透けるなど。
［実］　枝に付く胞子嚢のこと。この色、大きさ、付き方の違いも芸のひとつ。

花芸

　花の色や形は、ほとんどの場合、それぞれの種で一つです。現在の多彩な花容は、他に比べて花色が濃いもの、花弁の数が多いものなどが、自然の群落や庭に植えられたものの中から選び出されたことから始まったと考えられます。さらに栽培下で品種同士が交雑し、新しい花容が生まれることもあったでしょう。明治時代以前は、現代のように色や模様を求めて、人工的な交配による育種はしていなかったとされています。伝統園芸植物の数多くの品種は、こうした「他とは違う花」を選び、接木や挿木、株分けなどにより、その形質を固定させ、残すという作業が積み重ねられてきた結果です。野生下では、他より生育が遅い、種子ができないなど弱いものも多く、多様な花容は、先人の微細な感性と栽培技術と情熱の賜物といえます。

●花弁の柄
ツバキ・サザンカ、ウメ、ボケ、サツキ・ツツジ、ボタンなどでは、花弁（花びら）の柄がらも鑑賞のポイントになる。アジサイやユキワリソウ、フクジュソウでは、花弁に見える部分は萼(がく)だが、花弁に見立てて同じ名称を使っている。

1.白覆輪：花弁の周囲が白色や淡色で縁どられるもの。　2.底白・底紅：花弁の中央が白色や紅色など、色が濃くなったり、薄くなったりするもの。　3.爪白・爪紅：花弁の先だけが白色や紅色など他の色になったり、白くなったりするもの。　4.絞り：花弁に他の色や白色が筋状に入るもの。絞りの形や大きさによる名称として、大絞り、小絞り、堅絞り、吹掛け絞り、刷毛目絞りなどがある。　5.蛇の目絞り：覆輪と底白など花芯部が他の色になることで花弁の中程が輪状の模様になるもの。　6.斑入り：地色に濃淡色の斑紋が入るもの。斑の大きさによる名称として、あられ絞り、微塵絞りなどがある。7.ぼかし：濃い色から薄い色に花弁がグラデーション状に変わるもの。　8.半染め：花弁のほぼ半分で花色が分かれるもの。

●花形
植物は、種によって花弁などの数や形が概ね決まっている。とくに「八重咲き」は、雄蕊（おしべ）や萼などが突然変異で花弁に変わることで、本来「一重咲き」である花の花弁の数が増すことにより生まれる。また、雄蕊の花弁化の進み方の度合いにより、花形にも違いが生まれる。

花弁の数による分類

1.一重咲き：種ごとに定まった花弁数が1列に並ぶもの。　2.半八重咲き：一重の花の内側に小さな花弁が1列から2列程度並ぶもの。　3.八重咲き：花芯がほとんどなくなり、花弁となったもの。
4.千重咲き・万重咲き：花弁数が多くなり、幾重にもなったもの。

開き方による分類

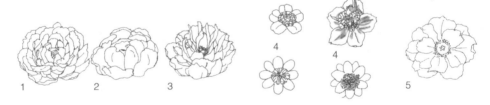

1.抱え咲き：花弁に丸みがあり、花芯を抱え込むように咲くもの。　2.玉咲き：抱え咲きよりさらに丸みをおび、全体が球状になったもの。　3.獅子咲き：八重の中央部分に細く立ち上がり捩じれたような花弁があるもの。
4.丁子咲き・唐子咲き：雄蕊が太く花弁状になり、真っすぐあるいは丸まったりして中央に集まったもの。
5.平咲き：花芯が見え、花弁が緩く横に広がって咲くもの。

花弁の形による分類

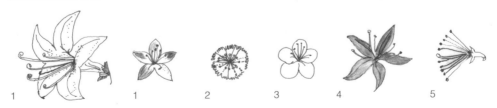

1.桔梗咲き・剣弁咲き：剣やキキョウの花の花弁のように先端が細く尖ったもの。　2.撫子咲き：ナデシコの花のように花弁の先に小さな切れ込みが入ったもの。　3.梅咲き：ウメの花のように花弁の先が丸いもの。
4.釆咲き：花弁がつけ根まで、深く切れ込み、細くなったもの。　5.蕊咲き：花弁が小さく細く退化し、ほとんどなくなったもの。

アジサイ ［紫陽花］　*Hydrangea cv.*　アジサイ科

花弁（花弁のように見える部分は萼）の柄、花形は共通。

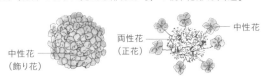
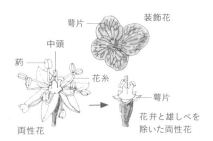

- 手毬型（ホルテンシア）：中性花が全体を覆っている。中性花には、花弁のように見える萼片がある。
- 額縁型（レースキャップ）：種子になる多数の小粒の両性花が中心にあり、周囲に少数の飾り花（萼）がつく。

ツツジ ［躑躅］、サツキ ［皐月］　*Rhododendron cv.*　ツツジ科

花弁の柄、花形は共通。独自のものとして、萼が花弁と同色となり変形し始めたもの。その大きさにより次のように呼ばれる。
1. 蓑咲き：萼片が緑色ではなく、花弁と同色になり変形し始めたもの。　2. 腰蓑咲き：変化が進み、萼片が大きくなったもの。　3. 桂咲き：萼片が花弁の形となり、蓑咲きより二重咲きに近くなったもの。

花弁の柄、花形は共通。

ウメ ［梅］　*Prunus mume*　バラ科

花弁の柄、花形は共通。ウメの分類法はさまざまあるが、ここでは性（しょう）による分類を示す。
- 野梅系：花は白色一重が主。枝つきが細く、葉が比較的小型。枝の切り口は白色。小花で香りが高く、盆差し立てに向く。
- 李系（難波系）：花色は紅色がほとんど。枝の切り口が紅色のもの。
- 杏系（豊後系）：アンズとの交雑種。花は桃色が多い。

サクラ ［桜］　*Prunus cv.*　バラ科

花弁に柄にはなく、白色に近い淡桃色〜濃紅色。花形は一重〜千重・万重。母種の系統で分類する。
- カンヒザクラ群　・エドヒガン群　・マメザクラ群　・ヤマザクラ群　・オオシマザクラ群
- サトザクラ（オオシマザクラ系・ヤマザクラ系）

ツバキ ［椿］　*Camellia japonica*　ツバキ科

花弁の柄、花形は共通。独自のものとして、次の分類がある。

咲き方による分類

1　　2　　3　　4

1. 猪口咲き：一重咲きのなかで侘助系の花弁が大きく開かないもの。　2. 筒咲き：ツバキの基本的な咲き方。花弁の基部は、長く雄蕊と接合する。　3. 宝珠咲き：八重咲きのなかで、花芯が見えないもの。
4. 列弁咲き：花弁に切れ込みが入る。

花径による分類　　**葉芸**

- 極大輪…13cm以上
- 大輪…10〜13cm
- 中輪…7〜10cm
- 小輪…4〜7cm
- 極小輪…4cm未満

錦魚葉（金魚葉）

花芯の形状による分類

1　　2　　3　　4　　5

1. 筒しべ：花糸の根元が合着し、筒状になったもの。基本の形状。先端細いものを最良とする。　2. ユキ芯：ユキツバキの花芯。花糸は細く濃黄色でやや広がる　花弁との接合部が小さい。　3. 輪芯：中央に花糸がなく、周りに1列だけ並ぶもの。　4. 梅芯：肉太の雄蕊が、梅の花の花芯のように周囲に広がるもの。肥後ツバキの花芯。　5. 侘芯：ヤブツバキの雄蕊の葯が退化したもの。侘助ツバキも同じように葯が退化した花を持つが、上記のツバキとは異なり、子房に毛がある。これらは、'太郎冠者'別名'有楽'の実生由来とされる。

サザンカ［山茶花］　*Camellia sasanqua*　ツバキ科

花弁の柄、花形は共通。

1.サザンカ群：花形はサザンカの自生種に近く、雄蕊は花弁に変化せず、一重〜二重咲き程度。　2.カンツバキ群：中部地方の古木'獅子頭'の実生・後代とされ、サザンカ群と容易に交雑。雄蕊の一部が花弁に変化、八重〜獅子咲き。　3.ハルサザンカ群：サザンカとツバキの雑種やその後代。花形は一重〜八重、千重咲きと多様。花糸の基部が比較的長く合着し、ツバキに近い特徴を示す。　4.タゴトノツキ群：種子から食用油を搾るために栽培されていた中国原産のユチャの系統とされる。花は白色、小輪、葉は大きく、光沢がない。

ボケ［木瓜］　*Chaenomeles cv.*　バラ科

花弁の柄、花形は共通。一重、八重、絞り咲き、覆輪咲き、色変化もの、変化ものという6系統に分類される。

フジ［藤］　*Wisteria*　マメ科

花弁の柄はなく、白色から口紅（桃色）、淡紫色、濃紫色。
花形は一重〜八重。

ボタン［牡丹］　*Paeonia cv.*　ボタン科

花弁の柄、花形は共通。江戸時代の園芸書『花壇地錦抄』ではボタンの観賞基準を「品ほん」と呼び、花全体の「品」＝九品「一位、二形、三色、四重、五実、六蕊、七葩、八葉、九木」を観賞するとした。

・一位（い）：木の品格および花配り、木振り。
・二形（ぎょう）：富貴、艶麗、厳格、乱雑、枯稿の五様で富貴、艶麗を可とした。
・三色（しき）：珠玉咲（紅色を帯びた光沢のある花弁）が上品、碧玉咲（咲き始めに青みがあって、花に光沢がない）が中品、色が不規則に混じるものを下品とした
・四重（じゅう）：花の重なりのこと。一重、二重、八重、千重、万重。八重、千重を珍重する。
・五実（じつ）：雄蕊の形、大きさ、高さ、色。壺の形で小さいものが良い。
・六蕊（ずい）：すべて黄色で、濃さ、数、長さ。色が薄く数の少ないものがよい。
・七葩（は）：花弁のこと。円形で厚く多少内部に湾曲するものが最上の品。
・八葉（よう）：葉の形、色、硬さ。細長く、硬く、色の濃淡が中程度のものを最上品とする。
・九木（もく）：木姿のこと。伸びやかに伸直するものを良しとする。

シャクヤク［芍薬］　*Paeonia cv.*　ボタン科

花弁の柄、花形は共通。『花壇地錦抄』では、一重の二階、三階に盛り上がった蕊にさまざまな形があることが優れている、としている。花形の「咲き方の分類」では、丁子咲き・唐子咲きのバリエーションに含まれるが、シャクヤクに特徴的な蕊の形状による名称がある。

1.金蕊咲：花弁は一重で、葯と花糸が太く、黄色く華やかなもの、自然には花粉は出さない。　2.翁咲：花弁は一重で、雄蕊の弁化が進み、葯と花糸の区別がなくなったもの、内側の細弁は、花弁より淡色、花は比較的小さい。
3.冠咲：雄しべの弁化がさらに進み、内弁の中心部が大きく立ち上がるもの、内弁と花弁の区分ははっきりしている。

【肥後シャクヤク】
花姿：黄金色の芯を豊かに盛り上げた一重から三重の蓮華咲き、大輪直径30cmにもなる。花色は多彩。花形は丸弁抱え咲きといい、花芯が大きく盛り上がるものほど良いとされる。

アヤメ科の花のつくりと各部の名称・生育場所の違い

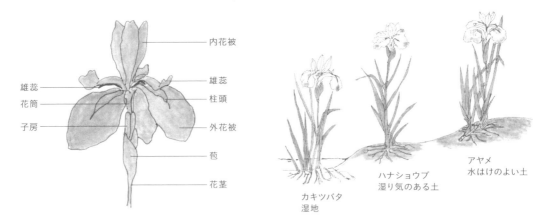

- カキツバタ：低湿地・浅水の池沼に生育。外花被は先端が尖り、基部に黄・白斑がある。内花被：細長く直立性。
- ハナショウブ：湿り気のある土に生育。外花被は先端が丸みを帯び、基部にわずかな黄斑がある。内花被は、三英花では直立または斜出し、六英花では外花被と同形で垂れ下がる。
- アヤメ：水はけのよい土・草原に生育。外花被は基部に紫褐色の網目模様がある。内花被は小さく、直立性。

カキツバタ［杜若］　*Iris laevigata*　アヤメ科

花弁の柄は共通。花形は次の2つがある。

1. 三英花：外花被が3枚。　2. 六英花：外花被が6枚。

1　　2

ハナショウブ［花菖蒲］　*Iris ensata var. spontanea*　アヤメ科

花弁の柄は共通。

［肥後系ハナショウブ］
花弁が幅広く縁が波打ち、垂れ下がる。

1. 肥後系三英花　　2. 肥後系六英花

［伊勢系ハナショウブ］
三英花を基本とし、花弁が深く垂れ、雄蕊の先端が切れる。

1. 伊勢系三英花　　2. 伊勢系六英花

［江戸系ハナショウブ］
花弁はあまり垂れない。

1　　2

1. 三英花　2. 六英花　3. 受け咲き
4. 玉咲き　5. 爪咲き

キク［菊］　*Chrysanthemum cv.*　キク科

大輪菊（頭花径18cm以上）
花形

1

2

3

1. 厚物：次の2つがある。
・盛り咲き：花弁が縦に内曲し、整然と重なり合って盛り上がったもの。
・走り咲き・厚走り：花弁の下側の列が長く開出しているもの。
2. 管物：花弁が細目の管状になり、傘を広げたように咲くもの。
3. 一文字：花弁の幅が広く、一重になるもの、広物、広熨斗ともいう。御紋章のモチーフとなった。

仕立て方
1. 一本仕立て：頭上に1花だけを開花させるようにしたもの。
2. 三本仕立て：根元近くで3本に分枝させ、それぞれの頭上で同時期に開花するようにしたもの。
3. 千輪仕立て：1本から数多く分枝させ、千輪ともされる花を咲かせるもの。
4. 福助作り：50cm以内の高さで、一輪の花を咲かせたもの。

大輪菊　管物と一文字

中輪菊（頭花径9cm以上）
[江戸菊]
開花の進行につれて、花弁が折れて巻き込むような形になる。小花の並びに「狂い」という芸があらわれる。

花弁の形
管弁、さじ弁、平弁の3系統がある。

「狂い」の芸の呼称
以下を四格と呼ぶ。外列の花弁が張り出して動かず、内列の花弁の動きがはっきりと現れるものをよしとする。
1. 折抱（褄折抱）：内列の花弁の中ほどで斜めや横に折れ花心（筒状花）を抱えるもの。
2. 丸抱：内列の花弁が丸く内に曲がるもの。
3. 追抱：内列の花弁は折れないが、一つの方向に次々と斜めに曲がり、下から積み上げたように重なるもの。
1. 乱抱：内列がさまざまな方向に折れて乱れたもの。

花心（筒状花の状態による呼称）
以下を三変格と呼ぶ。
1. 自然抱：初めから花芯を抱えている。
2. 露心抱：花芯が見えるもの。
3. 管抱：内列が管弁。

仕立て方
1本の苗を2〜3回摘芯して9〜15本立てとし、各枝に支柱を立てて、各1輪ずつ咲かせたものを篠作りという。

千輪仕立て

江戸菊篠作り

[嵯峨菊]
花形
京都・嵯峨野地域で古くから栽培されてきた系統。咲き始めは細い花弁が縮れているが、咲き進むにつれ、上に向かって刷毛状に直立する。
葉形
細長く切れ込んだものが良いとされる。
仕立て方
・箒ほうき作り：2～3回摘心して枝数を増やし、下部の茎を束ねて箒を立てたような形に仕立てる。
・七五三作り：1鉢3本仕立て。花は先端に三輪、中に五輪、下に七輪。葉は上が淡緑、中が緑、下が黄色に作る。

[伊勢菊]
花形
三重県の松阪や津で作られてきた。嵯峨菊に近い。
・大輪系（糸菊）：大きく細管・花弁の先が玉状にならずに伸びきった弁が優良とされる。品種は少ない。
・中輪系：花弁は管状に見えるが平弁。咲きはじめは花弁が嵯峨菊のように立ち上がり、後に花弁が伸長し、縮れて捻れながら長く垂れ下がる。弁先は裂けたり、巻き込んだり、突起状に分岐したりする。花心が見えないほど八重咲きを良しとする。
仕立て方
天地人作りといい、7寸鉢に苗を1本植え、2回摘芯して3本の主枝を天地人の段差をつけ、各枝に5本ずつの小枝をつけて計15花を同時に開花させる。

[肥後菊]
花形
舌状花が1列で、花心（筒状花）の縁に細く花弁が放射状に並ぶ。頭花を構成する花弁が少ない。花弁の形により、次の2種類に分けられ、作り方を変える。
1.管弁：真ん中の花を最も高くする陽花作り。
2.平弁：真ん中の花より周囲を高くした陰花作り。
仕立て方
花壇仕立て：3列を直植えにし、後列は天菊（大輪）、中列は人菊（中輪）、前列は地菊（小輪）の天地人の配列。

小輪菊（頭花径9cm未満）
花形
1. 小菊：舌状花が1列または2、3列のもの。
2. 薊菊(あざみぎく)：舌状花が多列あり、盛り上がる。花弁は細く切れ込む。
3. 魚子菊(ななこぎく)：舌状花が多列あり、盛り上がる。花弁は筒状で縦に裂ける。西洋菊のポンポン咲きに似る。
4. 貝咲き菊：舌状花が多列あり、盛り上がる。花弁の幅が広い。
仕立て方
懸崖仕立て、前垂れ懸崖作り、静岡作り、石付き盆栽などに仕立てる。

江戸菊

嵯峨菊

伊勢菊

肥後菊　天の花

フクジュソウ［福寿草］
Adonis amurensis　キンポウゲ科

花弁に柄はほとんどない。花形は共通（花弁のように見える部分は萼）。「咲き方の分類」では、一重咲き以外は、丁子咲き・唐子咲きのバリエーションに含まれる。「花弁の形による分類」では、先が深裂、細裂、ねじれ、萎縮し、花芯だけのようになるものが見られ、撫子咲き、釆咲き、蕊咲きに当たる。花色は花弁のように見える萼の色により、赤花系、白花系、緑花系、黄花系に分類される。

ユキワリソウ［福寿草］
Hepatica nobillis schreber var.　キンポウゲ科

花弁の柄、花形は共通（花弁のように見える部分は萼）。「咲き方の分類」では、一重咲き以外は、丁子咲き・唐子咲きのバリエーションが多く、独自の名称を持つ。

花形
1. 乙女咲き：雄蕊がないか退化傾向にあり多弁の花が多い。弁化の状態により、次の4つに分類される。
- 丁子咲き：花弁化した雄蕊がよじれて発達する、華やかな芸を見せる。
- 二段咲き：花弁化した雄蕊が真っすぐ伸びるタイプ。
- 三段咲き：弁化した雄蕊と雌蕊の部分が3段階に識別できる花容。
- 唐子咲き：雄蕊と雌蕊がともに弁化する。
2. 日輪咲き：雄蕊が平たく小さな花弁のようになる。
3. 千重咲き：雄蕊と雌蕊がともに、完全に弁化したもの。

葉芸
サイシンと同じように、自然斑とキメラ斑が混ざった葉模様が見られる。葉型にも変化が見られ、モミジのように切れ込みが入るもの、縁がパセリのようになるもの、表面が縮緬状になるものなどがある。

サクラソウ［桜草］
Primula sieboldii　サクラソウ科

花弁の柄は共通。

花形
1. 標準弁：野生種の花弁。サクラの花に似た中央に小さな切れ込みが入る。
2. 広弁：花弁の幅が広く、隙間がなくなったもの。
3. 細弁：花弁の幅が狭く、隙間が広くなったもの。
4. 重ね弁：花弁が広がり、隙間なく重なりあったもの。

 標準弁　 広弁

 細弁　 重ね弁

花の咲き方
1. 平咲き：野生種と同じように、花が平らに開いたもの。
2. 抱え咲き：花弁が内側に曲がり、抱え込むような形になったもの、浅抱え〜深抱えまで。花弁の先の変化によって、さらに分類される。
- 梅咲き：ウメの花弁のように、縁が丸く内側に入るもの。
- 星咲き：花弁の先が内側に折れ曲がり、先端が尖ったような形になるもの。
- 狂い咲き：花弁の先が、フリル状に波打つもの。
- 獅子咲き：狂い咲きのうち、ひだが大きく、フリンジ状になったもの。
3. つかみ咲き：さらに花弁が丸くなり、ものをつかむような形になったもの。
4. 玉咲き：つかみ咲きの曲がり込みが、さらに強くなり、玉のようになるもの。

 乙女咲き　 丁子咲き　 二段咲き

 平咲き　抱え咲き

 梅咲き　 星咲き

 三段咲き　 三段咲き　 唐子咲き

 狂い咲き　獅子咲き

  日輪咲き　 日輪咲き　 千重咲き

 つかみ咲き　玉咲き

花冠の向き
1. 受け咲き：野生種と同じように、花が上を向いて咲く。小輪花に多い。
2. 横向き咲き：花が咲きそろったとき、茎の周りに花が横向きに咲く、中輪花に多い。
3. 垂れ咲き：花が重みで、大きく垂れ下がって咲く。

花弁の形

丸弁　桜弁　梅弁　元細弁

波打ち弁　浅かがり弁　かがり弁　深かがり弁

伊勢ナデシコ［撫子］
Dianthus cv.　ナデシコ科

花色
白色から淡桃色、桃色、濃桃色、紅色がある。
花形
花弁は細く細かく、長く垂れ下がる。花弁の先端は縒れ、さらに小さな切れ込みが入るものもある。
仕立て方
1鉢3本仕立てにする。

花の大きさ
・小 輪 花：30mm未満
・中 輪 花：30〜40mm未満
・大 輪 花：40〜50mm未満
・巨大輪花：50mm以上

花柱の形
サクラソウの花柱は、「異型花柱性」と呼ばれ、2種類がある。いずれも、雄蕊と雌蕊を持つ両性花だが、自家受粉しない「自家不和合性」という性質を持ち、花柱の形が異なったものの花粉が昆虫などにより媒介されることによって種子ができる。園芸的には、遺伝子の多様性を生むだけでなく、「目」と呼ばれる中央部分の違いにより、他の変化との組み合わせにより、花容も多彩になる。
1. 長柱花：雌蕊が長く、雄蕊が短い花。花の中央に雌蕊の柱頭がのぞく。花柱の長さにより、突出長柱花と僅長柱花に分けることもある。
2. 短柱花：雌蕊が短く、雄蕊が長い花。花の中央に雄蕊の葯の先端がのぞく。
3. 等長花：雌蕊と雄蕊がほぼ同じ長さ。野生種でわずかに見られ、種を作る。

ハナバス［花蓮］
Nelumbo nucifera　ハス科

花弁の柄は共通。花色を含め、主に白色、紅色、爪紅色、絞り、覆輪の5種がある。また、花径によって大蓮、中蓮、小蓮に分類される。

花形
白色から淡桃色、桃色、濃桃色、紅色がある。
1. 単弁：一重。通常の花弁。
2. 半八重：雄蕊が多少弁化したものの、外側の大弁が多弁化したもの。
3. 八重：雄蕊のほとんどが弁化したもの。

長柱花　短柱花　等長花

アサガオ [朝顔]
Ipomea nil ヒルガオ科

花弁の柄は共通。

[大輪アサガオ]
州浜系（曜と呼ばれる花弁の脈状の部分を6〜9に増やす変異を持ち、大輪となる）、斑入り蝉葉（蝉が羽を広げたような形の葉）。花は丸咲き。
仕立て方
素焼き鉢で主に行灯仕立て。

[名古屋アサガオ]
州浜系、青斑入り蝉葉や黄斑入り蝉葉、黄蝉葉。花は丸咲き。
仕立て方
盆養切り込み作りといい、黒釉香炉鉢を使い、蔓を伸ばさず、切り込み、1花または2花を咲かせる。開花時には花首を針金と扇形の当て紙で中央正面に向ける。

[肥後朝顔]
州浜系、青斑入り蝉葉。花弁(曜)が6〜9曜で、ひだが多い。花筒は白抜け。
仕立て方
小鉢本蔓一本作りまたは盆養行儀作りといい、専用の小鉢（水の平焼、小代焼）に、本蔓1本だけ伸ばし、草丈を鉢高の3〜4倍にとどめ、第1花を草丈4分の1の高さに咲かせる。鉢・草姿・花との調和を重んじる。

[変化アサガオ]
花形
1. 丸咲き：日本に渡来した原種の形。漏斗状の花で曜と呼ばれる花弁の脈状の部分は5つ。
2. 切咲き：曜の間の花弁に切れ込みが入ったもの。
3. 牡丹咲き：雄蕊が花弁となり、重弁になったもの。
4. 台咲き：花筒が折り返り、台のようになったもの。
5. 車咲き：台咲きの花弁に切れ込みが入ったもの。
6. 車咲き牡丹：車咲きとなった花の雄蕊が弁化し、花筒から細い花弁が吹き上げたようになるもの。
7. 桔梗咲き：曜の先端が細く尖り、桔梗の花のような形になったもの。
8. 石畳咲き：曜の間の部分が深く5裂し、それが、折り畳まれて咲くもの。
9. 獅子咲き：花弁が風鈴と呼ばれる、管状になり、その花弁の先端が折り返したもの。
10. 采咲き：花弁が細かく裂けたもの。中には先端にナデシコのように小さな切れ込みが入るものもある。
11. 采咲き牡丹：采咲きの弁化が進み、重弁になったもの。
12. 州浜・大輪：曜の数が6〜9に増加したもの。

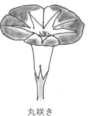 丸咲き  切咲き

 牡丹咲き  台咲き

 車咲き  車咲き牡丹

 桔梗咲き  石畳咲き

 獅子咲き  采咲き

 采咲き牡丹  州浜・大輪

葉形

1. 常葉：並葉ともいう。三裂し先端が尖る基本の形。
2. 立田葉：常葉の両翼裂片（耳）がさらに分かれ、5列した形。耳の先が尖る。
3. 蝉葉：常葉の両翼裂片（耳）が1〜3程度に、主片の中央が膨らむ。大輪系に多い葉形。
4. 渦葉：葉の両翼裂（耳）が葉柄の近くで重なりあい渦巻き状になる。
5. 乱菊葉：葉が3や5、さらには7と不規則に切れる。
6. 南天葉：葉が切れ、南天のような小さな葉が3枚集まったような形になったもの、先端が縒れる。
7. 孔雀葉：葉が3裂せず、丸くサツマイモの葉のようになったもの。
8. 縮緬葉：葉の表面に縮緬状の細かい凹凸があるもの。
9. 笹葉：葉の裂片の幅が狭く、先端が尖る。
10. 柳葉：葉全体の幅が狭くなり、柳の葉のようになる。耳の部分がわずかな曲線となり残る。
11. 糸柳葉：細く糸状になった葉が叢生し、全体にやや縒れる。
12. 爪龍葉：手でものをつかみ抱え込んだようになり、葉の表が見えないくらいになる。

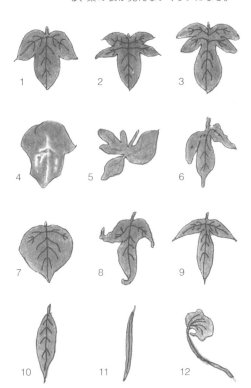

茎

1. 木立：矮性の変異があり、節間が詰まり蔓が棒状になり、巻き付かない。
2. 石化（帯化）：茎が帯のように平になり、そこに葉や花をつける。
3. 枝垂：蔓が巻き付かず、20cm程になると下垂してくる。

呼称の付け方

芸を表す独特の呼称により、アサガオの草姿を表現している。並葉や無地、正常な蔓の場合は省略し、葉性や葉形が複合芸となる場合は列記する。下の例にはないが、花と葉の間に特別な形状となる場合だけ、茎の状態も記載する。花模様のあとに花筒が白色でない場合は、筒色も列記するとよい。

葉の呼称の例

例） 青　水晶　斑入り　渦　桔梗　打込抱葉
　　 ①葉色　②葉模様　③葉性　④葉形

花の呼称の例

例） 瑠璃　花笠　総風鈴　管弁　交獅子咲
　　 ⑤花色　⑥花模様　⑦花弁の変化　⑧花形

ホトトギス

Tricyrtis cv. ユリ科

斑の入り方は共通。花弁の柄も共通。とくに、花弁の地色に入る斑点模様の色・大きさ・配列と花柱の色の対比、花が上向きのものと下向きに咲くもので印象が異なる。草姿には、直立性、懸垂性（懸崖状）、矮性がある。

ギボウシ

Hosta cv. キジカクシ科

斑の入り方は共通。
葉芸
・葉形：丸いもの、細長いもの、線形など。大型種〜小型種でも、それぞれ趣が異なる
・葉色：青、黄金、銀白（表面に蝋を引いたような色）、斑の色、斑の入り方のバリエーションを観賞する。

第 2 章

盆 栽
鑑 賞 の ポ イ ン ト

五葉松

日本の山野に自生する。有史以前から枝葉や根に含まれる油分や材を利用。平安期からクロマツ、アカマツとともに庭園に植えられた記録が残る。日本の庭園における主要な樹種。葉が短く、鉢におさめて景をつくる盆栽に最適。産地により葉性、幹の皮性など性質が違い、盆栽には、葉性が優れた四国・石鎚山や赤石山、那須産、八房性のものが好まれる。

江戸期には「斑入り」や「葉変わり」などの珍品が集められた。昭和40年代には10品種が確認されている。

五葉松　銘｜青龍（せいりゅう）｜

樹高：72cm　鉢：烏泥袋式長方

樹齢一千年を超えると言われる五葉松の大樹です。長い歳月にわたって過酷な自然環境を生き続けてきたことを、幹が枯れて白骨化した「舎利幹」が雄弁に語りかけてきます。「青龍」という銘が付けられているように、うねる幹がまさに飛翔する龍のようです。生命のたくましく力強いエネルギーを感じる、名木中の名木です。

ゴヨウマツ
Pinus parviflora
マツ科

五葉松　銘｜日暮し｜樹高：72cm

盆栽の王者としての風格と品位をあわせ持っている、と盆栽の世界で言われる樹種が五葉松です。時代の流れと共に味わいを増していく幹の肌、葉は短く美しく、丈夫で適応性に優れているため維持管理もしやすく、さまざまな樹姿に仕立てることもできます。「五葉松こそ盆栽趣味の行き着くところ」と断言する盆栽家もいるくらいで、全国各地に格調高く個性のある五葉松の盆栽があります。そのような数ある五葉松の名木の中でも、「日本一」と称されたのが「日暮し」です。日が暮れるまで見惚れてしまうほどの名木ということから、「日暮し」の銘が付きました。命名したのは、かつての愛蔵者の一人、「新潟の石油王」として知られる中野忠太郎氏です。非常に個性的で、味わい深い樹姿をしています。じっと見ていれば日本の懐かしい原風景が浮かんでくるかもしれません。観る人によって実にさまざまな景色を見せてくれるはずです。

五葉松　銘｜敷島(しきしま)｜樹高：85cm　鉢：烏泥外縁楕円

どっしりとした根元の力強さと、うねるように屈曲した幹が巨木の風格とたくましい生命力を感じさせてくれます。「日本の松」の代表的な一樹と言える盆栽です。この樹の銘である「敷島」という言葉は、日本の古い国号の一つです。「松の国」とも言われる日本の美しい景色を思い起こさせる名木ということで、「敷島」の銘が付けられました。まさに日本の風土に育まれた美意識が生んだ、盆栽らしい盆栽と言えます。

五葉松　039

五葉松　銘┃鶴の舞┃　樹高：110cm　鉢：紫泥雲足円

幹の一部が枯れて白骨化した「舎利幹」が、飽きのこない深い味わい、一度観れば脳裏に焼きつくような珍しい樹姿を生み出しています。「鶴の舞」という銘は、この樹の姿が北国の大地に舞う鶴を連想させることから付けられています。厳しい風雪を生き抜いてきた、孤高の存在感を醸し出している名木です。

この五葉松は福島県安達太良山の産ですが、長い歳月、盆栽として都会の中で育まれてきました。都会では育ちにくいと言われていた五葉松が見事に生長した例として、かつて盆栽業界ではよく知られた樹でした。「平安」という銘の通り、泰然とした樹姿は力強い生命の力を感じさせてくれます。

五葉松　銘｜白雲｜樹高：88cm　鉢：古渡紫泥外縁六角

盆栽界ではこの盆栽のように鉢からこぼれ落ちるような姿の樹を、断崖で芽吹き、長い歳月風雪にさらされ懸命に枝葉を伸ばし生きてきた自然樹になぞらえ「懸崖樹」と呼んでいます。この盆栽は、五葉松の代表的な懸崖樹の一つです。美しい輪郭と雲が行き交うような景色を彷彿とさせる姿から「白雲」と命名されています。

五葉松　銘｜明光（めいこう）｜

樹高：61cm　鉢：古渡烏泥隅切長方

永い歳月、全国の著名な盆栽愛好家たちに受け継がれ、愛好家たちの「一生に一度は持ちたい松」という言葉から「一生の松」という銘が付けられていたこともある名木です。栃木県の那須五葉松で、威厳のある根元、幹の力強い模様（曲がり）、枝配り、細く詰まる葉など、松柏盆栽の見どころとなる基本的要素をこれほど見事に備えている樹は珍しく、まさに「一生の松」という銘にふさわしい松と言えます。

五葉松　銘｜舞子｜　樹高：73cm　鉢：海鼠釉玉縁長方

激しい風雪や土砂崩れのために倒れた木が幹まで埋まったため、地上に残った枝が幹のように育ち、土砂で埋まった部分からは発根して生き続けたのが、この根連なりの盆栽です。まさに大自然がつくった盆栽の傑作と言えるでしょう。この盆栽は、淡路島を望む瀬戸内の景勝地、舞子の浜の松林を彷彿とさせることから「舞子」と命名されました。じっと眺めていると、松の枝越しに広がる大海原や穏やかな浜風を感じられるようです。

五葉松　銘｜千尋（ち ひろ）｜樹高：105cm　鉢：紫泥外縁楕円

数ある五葉松の名木の中でも、この樹は変化に富んだ個性的な樹姿をしています。幹が部分的に枯れて空洞になった洞（うろ）。真っ直ぐに立ち上がった幹には一部が枯れて白骨化した「舎利」があり、根元に生えている2本の幹は曲がりくねっています。いかに厳しい自然環境を生き抜いてきたかを雄弁に物語る樹姿です。まさに大自然が育んだ「生命のかたち」と言えるのです。

五葉松　草

うねるように伸びた細幹はあたかも龍のように大きく屈曲して、頭部をこちらへ向けています。非常に印象的で、個性的な樹姿の五葉松です。自然と人が歳月をかけて共に育んだ「盆栽」の造形美の一つと言えるでしょう。

五葉松

左に長く伸びた差し枝が特徴的な盆栽です。現在ではこのような樹形はあまり見られなくなりましたが、かつてはとても人気のあった樹姿です。日本庭園の松にも見受けられる形で、観る者に強い印象を残します。日本の職人たちが育ててきた「日本の松」の象徴的な一つの「型」と言えます。

五葉松　秩父宮ご成婚祝に学習院教授が贈る　九霞園

樹々の間を吹き抜けていく風を感じるような五葉松の根連なりの盆栽です。味わい深い盆栽を褒める時に使う「お茶の飲める樹」という言葉が盆栽界にはありますが、まさにじっくりと眺めながら一服のお茶を嗜みたくなる一樹です。秩父宮が所蔵されていた盆栽で、秩父宮殿下・妃殿下のご成婚の際、それを記念して学習院有志たちより寄贈されたものです。

黒松

本州、四国、九州に自生する。海岸沿いに多く、防潮林などにも利用される。樹皮が亀甲状に荒々しく亀裂が入り、力強い印象を与えることから、「男松」とも呼ばれる。盆栽には、樹皮の性質から三河、淡路島、小岱（熊本）、葉が柔らかい鹿島産が好まれる。江戸期には、ゴヨウマツ、アカマツとともに「斑入り」や「葉変り」などの珍品が集められた。昭和40年代には14品種が確認されている。

黒松の変種・錦松は、幹に錦木のように矢筈状の突起物が出ることから、こう呼ばれるようになりました。荒々しい樹皮が風雪に耐えた古木を感じさせます。明治時代中頃、金比羅宮の参拝客の土産になっていた山取りのマツの肌合いの異なるものの一つです。珍しいものが、高値で取引されましたが、原木が枯渇、禁止されるようになりました。のちに、末澤喜市氏により接木での繁殖が確立され、戦前にかけて隆盛期を迎えました。昭和10（1935）年に山取りの名木が1万800円で売り立てに出された記録も残っています。

黒松 銘 | 瑞光 |

樹高：73cm 鉢：紫泥外縁長方

黒松は松類の中で最も豪快な幹肌を見せ、葉も剛直で、五葉松の気品ある優美さとは対照的です。「瑞光」は盆栽の世界では「石付き」と呼ばれる形態をしており、これは岩肌の窪みや割れ目に根を下ろした樹木が厳しい環境にもかかわらず、生長を続けるうちに巌と一体化した様を表現したものです。この「瑞光」は昭和10年の盆栽の売り立て帳にその姿を見ることができ、記録に残っているだけでも80年以上に及ぶ盆栽としての歴史を誇っています。石付き黒松の中でも最古と言える名木です。

クロマツ
マツ科
Pinus thunbregii Parlatore

黒松　銘｜巌(いわお)｜樹高：98cm　鉢：南蛮外縁長方

生長するとともに幹が豪快に裂け、幹肌に厳しさと力強さが出てくる「岩石性」と呼ばれる性質の、淡路島特産の黒松です。明治時代から盆栽愛好者に脈々と受け継がれ、愛培されてきた名木です。大地にどっしりと根を下ろした太い幹、強い生命力を感じさせる荒々しい幹肌、まさに自然界の王者のような威風堂々とした風格を見せています。

黒松　銘｜羽衣の舞(はごろものまい)｜樹高：95cm　鉢：古渡紫泥隅切長方

この樹は、名勝地「三保の松原」を彷彿とさせるとして、「羽衣の舞」と命名されました。古くなってめくれた樹皮の下の樹皮がまためくれ、あたかもパイ皮のような形状の「岩石性」の幹は、苔むし古色を帯びています。威厳があり、かつ躍動感もある個性的な樹姿は、玄人肌の盆栽愛好家たちの憧れの松と言えるものです。

黒松（宮内庁）

荒々しく裂けた幹肌、太い幹は力強く、巨木感のある黒松らしい盆栽です。特徴的なのは真っ直ぐ下方に伸びた下枝で、この樹の絶妙な味わいとアクセントを生んでいます。枝葉を細かくきっちり作り込むことなく、繁茂させているところに、穏やかで素朴な味わいが感じられます。この樹のように、皇居で受け継がれてきた盆栽たちには昔ながらの朴訥した自然の深い味わいがあります。

黒松

すっと伸びた幹は荒々しく裂けた樹肌をしており、がくんと下方へ折れた頭部が厳しい自然環境を生き抜いてきた歴史を象徴しています。小さな樹ではありますが、思わず畏敬の念をおぼえるような堂々とした佇まいを見せています。この樹の下で、木彫の寿老人がトンボのとまった古木を見上げています。生まれたばかりの瑞々しい命の「緑」と、年輪を刻んだ幹や寿老人のコントラストが印象的な席飾りになっています。

黒松

能楽堂の舞台に描かれた松のような力強い樹姿をした、黒松らしい盆栽です。「男松」とも呼ばれる黒松は、この樹のように豪快な幹の味わいを一つの特長にしています。根元から頭部にかけて激しく屈曲した幹に、この樹の強い生命力が感じられます。

黒松

二つの頭を持った龍のような、非常に個性的な樹姿の黒松です。上方へ伸びる激しく屈曲した幹と、横へと伸び枝葉を広げた幹、それぞれが力強い味わいを見せ、一本の盆栽として類い稀な個性を生み出しています。永い歳月を生き続けてきた姿こそが盆栽の「美」であることを雄弁に語る一樹です。

黒松

細い幹ながらも、長い歳月を鉢の中で生きてきたことが伺える荒々しく裂け古びた黒松らしい樹肌をしています。右下の枝にしても定石にない複雑な屈曲をしていますが、その古びた味わいが観る者を圧倒させる存在感を放っています。「人に自分の美や価値を判断してもらわなくても結構」というような超然とした佇まいをした老木、「真の盆栽美」が内包された一樹と言えるのでしょう。

赤松

本州、四国、九州の山麓から標高2000m内外の地域に自生する。乾燥に強く、荒れ地や皆伐地をそのままにしておくと、最初に生えるパイオニア植物。樹皮が赤味を帯び、クロマツにくらべると柔らかい印象を与えることから「女松」とも呼ばれる。盆栽には、幹が赤くなる信州産が好まれ、流麗な樹姿から文人盆栽に仕立てられることが多い。

アカマツ

マツ科

Pinus densiflora Sieb. Et Zucc.

赤松 銘 ｜帰去来｜

樹高：110cm

細い幹で最少限の枝数で作られた、飄々とした樹形の盆栽を「文人木」と呼びます。幕末の文人たちがその洒脱で、枯淡な味わいを好んで愛好したところから由来していると言われています。この「文人木」になくてはならない樹種とされているのが、松の中でも優しい風情を醸し出す赤松です。赤松「帰去来」は、「文人木」の代表的な名木であり、独特の静謐な美を感じさせます。「帰去来」とは、中国南北朝時代の文学者・陶淵明の名文「帰去来辞」からの言葉で、官を辞して帰郷し自然を友とする田園生活に生きようとした決意を述べたものです。そのような枯淡の境地を彷彿とさせるような樹姿ということから、「帰去来」の銘が付けられました。

アカマツとクロマツの自生地が接する箇所では、自然交配によるアイグロマツも見られる。江戸期には「斑入り」や「葉変わり」などの珍品が集められた。昭和40年代には28品種が確認されている。

赤松　樹高：85cm　鉢：南蛮丸

優雅な趣き、個性的な味わいのある赤松の「文人木」です。「文人木」とは、このような細い幹で余分な枝葉の無い「粋」な樹姿を理想とし、茶道の「侘・寂」の世界にも通じていると言われています。自然の景色をそのまま切り取ったかのような姿は、じっと凝視していると流れる風さえも感じられそうです。

赤松

幹の一部が枯れて白骨化した「舎利」や捻転して左へ屈曲した樹姿に、厳しい自然を生き抜いてきた姿を見ることができます。このように「文人木」に仕立てられた赤松は、玄人も唸らせる盆栽として根強い人気を誇っています。

赤松

たくさんの種子を一ヶ所に蒔いて発芽させた実生苗による盆栽です。自然界においてはこのように一ヶ所で集中して発芽することは稀でしょうし、もし発芽しても淘汰され数本しか残らないでしょう。人が栽培することによってのみ維持できる樹姿であり、盆栽ならではの味わいであり、楽しみ方と言えるでしょう。

赤松

あたかも浮世絵から抜け出してきたような風情の赤松の盆栽です。盆栽として細かく手を入れられることなく、伸び伸びと自然に育った樹姿です。葉に黄斑が入ったこの「蛇の目松」は生花にはよく使われるようですが、盆栽としてはほとんど見られません。蛇の目松は、アカマツの品種の一つで、葉に黄白色の斑が規則正しく入り、蛇の目傘の模様のように見えることから名付けられました。斑の部分が日焼けしないよう、半日陰で育てます。この他、アカマツの品種には、庭園樹として利用されるタギョウショウ（多行松）があります。あまり大きくならず、根元から株立ちとなり、傘状に細かく枝分かれします。繊細な枝ぶりやこんもりと丸くなる樹冠が、庭園の前景をつくるのに利用されています。

赤松

細い幹ながらも、長い歳月を鉢の中で生きてきたことが伺える古びた樹肌。盆栽としての「型」にとらわれることなく、伸びるがままに任せたような無造作な枝配りに、確固とした命の風格が感じられます。これぞ「究極の文人木」と呼びたい盆栽です。降り積もる雪に佇むその姿は、孤高に生きる高僧を連想させます。

蝦夷松

北海道やカラフト、シベリア東部に自生する常緑性の針葉樹。クロマツやアカマツとは趣の異なる短い葉が幹に密生する。幹肌が荒れやすく、若木の頃から風格が出る。盆栽では八房性のものが多く使われる。もともと自然環境の厳しい土地に生えており、古木になっても幹は余り太らない。

エゾマツ
Picea jezoensis
マツ科

蝦夷松　銘｜靖国（やすくに）｜樹高：72cm　鉢：古渡烏泥外縁胴紐

昭和の初期、北海道の代表的な針葉樹である蝦夷松が盆栽として本州に出回るようになりました。常磐木の花ともいえる新芽の美しさ、細かい葉の深みのある色、荒れて深い雅味を感じさせる幹肌等、蝦夷松には独特の深い味わいがあります。コアな盆栽愛好者を惹きつけてやまない蝦夷松の盆栽を代表する名木が、この「靖国」です。根元の張りが良く、左から右に立ち上がる太い幹の力強さが巨木の風情を醸し出し、北海道の厳しい環境を耐え抜いた生命の逞しさを感じさせてくれます。

蝦夷松寄植え

じっと見つめていると、まさに自然の森の中に佇んでいるかのような気持ちにさせてくれる寄せ植えの石付き盆栽です。太い樹、細い樹、真っ直ぐに伸びた樹、少し斜めに生えた樹、それらの樹々の絶妙なバランスが森の深い景色を生み出しています。誰もが楽しめる景色を生み出せるところが、寄せ植えの盆栽の大きな魅力です。

蝦夷松 ■ 069

蝦夷松

極寒の大地を生き抜く蝦夷松が、威風堂々とした巨木になったような盆栽です。根元から立ち上がる幹には、部分的に枯れて空洞になった洞（うろ）や、白骨化した「舎利」が見られ、根元から左に立ち上がった枝も枯れて白骨化した「神（じん）」となっています。その姿は永い歳月を風雪に耐え、厳しい自然環境を生き抜いてきた物語を語りかけてくるようです。圧倒的な存在感を持った一樹です。

杉

スギ
Cryptomeria japonica
スギ科

日本列島に固有の針葉樹。日本海側には、多雪に耐えるよう葉が開く角度が狭く、地面に垂れた枝から萌芽しやすい変種のアショウスギがある。古くから各地で植林され、建築材料や家具、容器などに利用される有用樹種で、材の木目や色味などの違いによって、北山杉、秋田杉など地名を冠して区分されることが多い。

杉

真っ直ぐに立ち上がった幹が杉らしい巨木感を印象づけています。右下に残された枯れた枝「神(じん)」がアクセントとなって、樹姿をぐっと引き締めています。杉の盆栽のお手本のような、品位のある樹姿です。鉢の真ん中ではなく、向かってやや左に植え付けたところに盆栽家のセンスの良さを感じさせます。どのような角度や位置で樹を植え付けるかというのも、盆栽の大きな醍醐味の一つなのです。

檜（宮内庁）

昔から日本人の暮らしには欠かせなかった檜ですが、盆栽に仕立てられたものは他の松柏類に比べると少なく貴重と言えます。ましてや、この樹のように大らかな樹姿で育てられた檜盆栽は、もう皇居にしか存在しないかも知れません。じっと見ていると目の前に雄大な景色が広がるようで、まさに太古の森の「御神木」とも言えるような名木です。

檜

日本特産の常緑性針葉樹で、福島県東南部より南の本州、四国、九州に分布。台湾には変種のタイワンヒノキがある。スギと同様、古くから各地で植林されるが、加工しやすいうえに非常に長く持ち、芳香があるヒノキ材は高級建築材として重宝されている。葉は鱗片状で葉先が丸く、枝に密着してつく。幹肌が荒れやすく、若木の頃から風格が出る。

ヒノキ
ヒノキ科
Chamaecyparis obtusa

檜、ネム

鉢の中にバランスよく寄せ植えされ、深い森の様子を醸し出している檜の盆栽です。その根元に立っている自分を想像すると、一層その景色が広がっていきます。見れば見るほど味わいを増していく、生きている樹木だからこそ味わえる魅力があります。右に添えられた合歓木（ねむのき）の盆栽の、可憐な淡紅色の花も印象的です。夜になると左右の小葉がぴたりと合わさり垂れ下がって、木が眠っているように見えるため「ネムノキ」の名前があります。暗い室内に飾ってあれば、このように眠った姿をしています。

シンパク

ヒノキ科

Juniperus chinensis var. sargentii

真柏

人跡未踏の高山の岩壁に好んで自生する
深山柏槙を、盆栽界では「真柏」と呼んでい
る。高山から海岸沿いまで、本州、四国、九
州の各地でよく見られるビャクシン（別名イブ
キ）の変種。厳しい自然環境を生き抜いてき
たため、幹の一部や枝が枯れて「白骨」化し、
生育上真っ直ぐには伸びない性質がある。

真柏　銘 ｜ 寿雲 ｜ 樹高：102cm

真柏は、他の樹種では味わえないような樹姿に仕立て
られ、盆栽の中でも非常に人気が高い樹種です。幹
の一部や枝が枯れて白骨化した部分を、盆栽界では
幹の一部の場合「舎利」、枝の場合は「神」と呼んで
います。緑の枝葉、生きている茶色い幹と、白い舎利・
神とのコントラスト、それらの絡み合う樹姿が、厳しい大
自然を生き抜いてきた生命のドラマを描き出しています。
「寿雲」は、数ある真柏の名木の中でも際立った舎利
と幹をしており、この樹種の魅力を余すところなく表現
しています。まさに厳しい大自然が育んだ「生命のかた
ち」そのものなのです。

真柏　樹高：72cm　鉢：紫泥切立胴紐切足長方

盆栽界では新潟県糸魚川の明星山の岸壁で採取された真柏が最上とされてきました。その理由は、黄色味を帯びた細い葉が美しく、捻転する幹と幹が枯れて白骨化した部分「舎利」との味わいが絶妙なコントラストを見せるからです。この樹はそんな真柏盆栽の代表的な一樹です。

真柏　銘 | 双龍(そうりゅう) | 樹高：100cm　鉢：古渡紅泥外縁長方

真柏の名産地とされる新潟県糸魚川地域の岸壁に自生して幾百年、風雪にさらされながら生き続けてきた樹です。左右の幹が対となり、二頭の龍が絡み合いながら天空に舞う姿を彷彿とさせることから「双龍」と命名されました。個性的な樹姿に、白骨化した部分「舎利」と、生きている茶色い幹、そして細かく茂った緑の枝葉のコントラストが美しく映え、森羅万象の厳しさを教えてくれる真柏盆栽の代表的な一樹です。

真柏　077

真柏　銘｜北斎（ほくさい）｜樹高：75cm　鉢：古渡烏泥外縁六角

この樹はその樹姿が、葛飾北斎の描いた浮世絵「富嶽三十六景・神奈川沖浪裏」の、大きな波間に富士を見た景色を彷彿とさせることから「北斎」と命名されました。波のうねりを思わせる屈曲し白骨化した幹には、厳しい大自然を生き抜いてきた歴史が刻まれています。一目見て脳裏に焼き付くような、個性的な樹姿をした名木です。「生命のかたち」に現れた、さまざまな個性を楽しむのも盆栽の大きな醍醐味なのです。

真柏　079

り自然の雄大さ、厳しさを表現することができるのがトショウの魅力。産地によって、性質に差異がある。

トショウ
ヒノキ科
Juniperus rigida

杜松
杜松は、針状に鋭く尖った葉をしており、独特な、重厚感のある力強さを持ち味としています。真柏と並び「神仙の境地」を有すると言われている樹種で、枯れた幹の一部や枝が白骨化してできた「舎利」(幹部分)、「神」(枝)の味わいを大きな見どころとしています。この杜松の幹にも舎利があり、厳しい大自然を生き抜いてきたことが伺えます。すっと伸びた幹に最小限の枝葉、孤高の存在を感じさせてくれる一樹です。

楓・紅葉

日本に自生するカエデ属の総称。園芸品種の大部分は、イロハモミジ(A.palmatum)、ヤマモミジ(A.amoenum var.matsumurae)、オオモミジ(A.amoenum)の3種を母体とする。この3種を含むカエデ属は、秋に紅葉する樹木として知られ、春の新緑の葉色の変化も同じように色彩豊か。4〜5月の開花後、ヘリコプターのような羽をつけた種子をつける。

秋、京都の庭園を歩くと、さまざまなモミジがたくさん植えられていることに気づきます。遠く借景となる山々にも紅葉した樹々。自然の植生での、樹木の割合としてカエデ属がそれほど多いとは考えにくいので、樹林の中に選択的に残しているか人工的に植えたかということなのでしょう。古くから、春の新芽、盛夏の緑、季節とともに移ろう姿は、平安時代には「紅葉狩り」や「紅葉合わせ」など、行事として楽しまれてきました。

モミジの観賞は、葉の色彩と形。葉は、新芽の頃と秋の落葉前、淡い黄色から赤色、褐色まで、人の手でつくり出すことはできない多彩な表情を見せます。

庭園では、視線を集める灯籠の陰や池の畔など、少し垂れた枝や紫蘇紫色の葉をのぞかせます。盆栽は野生種が主ですが、イロハモミジの古い園芸種である'青枝垂'や本種'紅枝垂'は、柔らかい枝振りの盆栽にもされています。

山もみじ 銘｜むさしが丘｜

樹高：93cm　鉢／紫泥玉縁楕円

春の芽吹き、夏の新緑、秋の紅葉、冬の繊細な枝振りと、モミジは四季折々の姿が特徴的で美しく、日本の景色を彩る代表的な樹種です。そのため、盆栽としても古くから広く親しまれてきました。この樹は、今から約百年前、関東平野の原生林より採取されたもので、その雄大な根元が武蔵野の丘陵地帯を想像させることから「むさしが丘」と命名されました。根元からは長い歳月を経た幹が配置よく、優雅に立ち上がっています。雑木林の風情が感じられる、モミジらしさがうまく表現された雑木盆栽の最上位に輝く名品です。

カエデ・モミジ
Acer cv.
カエデ科

山もみじ

樹高：93cm　鉢：均釉玉縁切足長方

モミジの盆栽のお手本のような樹姿をしており、モミジらしいゆったりとした枝振りが品格を感じさせます。力強い根元からまっすぐ立ち上がる幹より三つの枝が分かれている様は、まさに自然界の大樹を思わせます。

盆栽の呼称

盆栽で山もみじと称されるのは、多くは種としてはイロハモミジです。中には種としてヤマモミジ、というものも含まれているかもしれませんが。山取りの「野生種である」ということを伝えたいためなのですが、正式な種名としてヤマモミジという名があるので、混同しやすいのは事実です。カエデといえばトウカエデのこと。ソロはイヌシデのこと。赤目ソロはアカシデ。槙柏はミヤマビャクシン、杜松はネズなど。最近の図鑑では、こうした独自の呼称を別名として載せていないことが多く、調べたくても初めて接する人は、なかなかたどり着けないということもあるようです。盆栽にもできれば、標準和名か学名を併記してあると良いのではないでしょうか。

山もみじ

樹高：46cm　鉢：東福寺作 緑釉胴帯楕円

根元から立ち上がる太い幹とゆったりとした枝振りは、樹高46cmという中品ながらも大木感を醸し出しています。日本鉢の名匠である東福寺の緑釉の鉢は、秋の紅葉の頃、反対色である紅色の葉と鮮やかなコントラストを見せ一層樹を引き立ててくれるのでしょう。

山もみじ(宮内庁)

大地をがっしり掴んだ力強い根元と、二又に分かれていく幹が非常に個性的な山モミジの盆栽です。紅葉が、秋の訪れた日本の山里の風景を思い起こさせます。郷愁を誘う日本の秋です。皇居の盆栽らしい、浮世離れした穏やかな風情ある一樹です。

山もみじ

巨木感のある、味わい深い一樹です。大地をしっかり掴んだ力強い根元から三方に分かれた幹が、たいへん個性的な樹姿を生み出しています。このような盆栽を観賞する時、例えば自分が小さな子供になって根元に佇んでいるところを想像すると良いでしょう。あたかも大きな樹の懐に抱かれるような、穏やかな、やさしい気持ちになることができます。

もみじ ［獅子頭］　　樹高：67cm

「獅子頭」は品種名であり、江戸期の古書にも記載されている古いものです。葉は小型で肉厚、巻き込むように上を向き、鮮やかな緑色をしています。独特な葉の形や、幹肌の縦縞模様に「獅子頭」特有の味わいがあります。この樹は「獅子頭」の名木の一つに数えられ、力強い根元から立ち上がる数本の曲折した幹が見所です。「株立ち」と呼ばれる樹姿ですが、「獅子頭」の株立ちとしては唯一無二とも言える盆栽です。

もみじ［獅子頭］

濃緑の葉と葉形が特徴的な「獅子頭」、葉の裂片が縮れて獅子の巻毛のようになります。また、枝が狭く葉が密生することも特徴です。そのような個性が、盆栽の樹種としても愛されてきました。この「獅子頭」の盆栽は、その特徴がよく生かされた樹姿に仕立てられています。自然な味わいが観る者を穏やかな気持ちにしてくれます。

もみじ ［手向山］

モミジの品種である「紅枝垂れ」の盆栽です。細い幹と繊細な葉が、モミジらしい風流な自然美を演出しています。ひと枝の風情だけでも優美な景色が生まれるところが、もみじの盆栽の真骨頂と言えるのではないでしょうか。

楓［唐楓(とうかえで)］(宮内庁)

楓は雑木盆栽の中でもたいへん人気の高い樹種です。春の芽出し、夏の新緑、秋の紅葉、冬の落葉した姿と、一年を通じて楽しむことができます。この唐楓の盆栽は、利根鞍馬石に植え付けられているのも、その樹姿も楓としてはたいへん珍しい作り方をしています。皇居の盆栽らしくおおらかで、素朴な味わいがあります。

右下には、珍しい栗の盆栽です。秋の風情を味わう樹種として栗も捨てがたい魅力があります。

水盤に浮かべたカエデの葉。形、大きさ、色、斑の入り、さまざまな葉芸を楽しむ。写真は「春モミジ」。このように若葉の美しい品種もある。

四手・そろ

クマシデ属のアカシデを別名ソロ（ソロノキ）と
いい、クマシデやイヌシデ、イワシデなどのシデ
類も総称してソロという。アカシデは芽吹きや秋
の紅葉が美しいために「赤芽ソロ」と呼ばれる。
イワシデは乾燥に強く、岩場にも生えることから。
シデの名は、花穂の形状が四手（紙垂）に似て
いるため。波打つような葉の形状や幹肌の美し
さも楽しめる。

シデ・ソロ

カバノキ科

Carpinus cv.

岩四手

樹高：89cm　鉢：南蛮丸

この樹は明治時代に寄せ植えにされたと伝えられ、根元が癒着して株立ちのようになった名木として、昭和
初期にはすでに有名でした。長い歳月、多くの盆栽愛好家たちから愛され続け、百年以上、味わいのある樹
姿を保ち続けています。岩四手（いわしで）の名木というだけにとどまらず、人々と共にある「鉢の中の小宇
宙」という盆栽の本質を表現している歴史的な名木です。

赤芽そろ寄せ植え

樹高：75cm

春になると赤みがかった芽出しが美しいのが、この赤芽そろです。樹が古くなると幹に灰白色の縦縞を生じ、その美しい幹肌も大きな見どころの一つです。葉を糸で綴ったような実も風情があり、落葉した繊細な枝振りなど、一年を通じて楽しめます。この盆栽は「寄せ植え」と呼ばれるもので、何本もの樹を一つの鉢に植えつけ、雑木林の景色を表現したものです。四季折々にさまざまな表情を見せる雑木林のような風情を楽しむことができます。この寄せ植えは、日本を代表する盆栽愛好家・故髙木禮二氏がつくったものです。風邪をひいて家で休んでいた日、寝床にビニールを敷いて、苗木を寄せてつくったそうです。

躑躅

日本に自生する常緑・半常緑の花木。花期は4～5月中旬。その数は約50種類ほどとされるが、地域による変異も多く、野生種の中には自然交雑と考えられるものもある。園芸品種は伝統園芸植物の中では珍しく、母体となった種類が多い。今日までに2000品種を超え、クルメ系、キリシマ系、ヒラド系、サツキ系など花容や花期によって分類されている。

躑躅

九州各地の高山に自生する深山霧島は、5月下旬から6月中旬にかけて紫紅色の美しい花を咲かせます。花もの盆栽として人気がありミニ盆栽でもよく見かけられますが、この樹のように山から採られたと思われる古い太幹の盆栽はたいへん貴重です。可憐な花が古びた太幹に映えて美しく、青絵の描かれた染付鉢は樹姿を品良く引き締めています。

花は色、大きさとも多彩。ヤマツツジ、ミヤマキリシマなど常緑性で花付きのよい野生種をもとに、琉球、台湾、朝鮮半島の数種が関わる。19世紀末、アメリカのウィルソンは、クルメツツジの花付きの良さ、色の鮮明さなどに感銘し、50品種を母国に導入。今日では、これらがもととなり、欧米で庭木用として栽培されている。

ツツジ
Rhododendron cv.
ツツジ科

ヒラドツツジは大きくなるグループで、近年街路樹の根締めに、同系のオオムラサキとともに数多く植えられています。この木は一本で咲き分けが見られ、優しい花色が楽しめます。

花（明治以前）、旧花（明治～大正初期）、中新花（大正以降～第２次大戦前）、新花・最新花（戦後と昭和36年に設けられた登録制度以降）に分けられる。

皐月

5月に咲く皐月は、我が国最古の歌集『万葉集』にもその名が出てくるほど、古くから日本人に愛されてきた花木の一つです。江戸時代に大流行し、さまざまな園芸品種もつくられましたが、皐月を盆栽として楽しむことが定着したのは大正末期になります。

皐月盆栽の魅力もやはり何と言ってもその美しい花にありますが、歳月を経た根元や幹にも独特な味わいがあります。この皐月の盆栽も、大樹の風格を感じさてくれる名木です。

サツキ
Rhododendron cv.
ツツジ科

皐月

どっしりとした根元、太い幹、綺麗に整えられた枝葉。様々な種類の花を楽しむ皐月盆栽の典型的な樹姿をしています。鮮やかな花を一斉に咲かせる花時期には、その存在感に圧倒されます。品種は「八咫鏡」(やたのかがみ)（旧花）。

皐月

ここまで横へと長く広がった盆栽は他に無いのではないでしょうか。花を愛でることを主とし、一年中緑もある皐月盆栽ならではの、鮮烈で個性的な樹姿だと言えます。この皐月は「如峰山」という品種で、江戸時代からの由緒ある花として分類されています。花時期には誰もが目を奪われるであろう皐月盆栽です。

皐月

若者たちの間でも人気のミニ盆栽の樹種として注目されている「屋久島サツキ」ですが、このサツキの盆栽は非常に珍しい屋久島のサツキの原木です。おそらく山野からそのまま採取したものと思われ、厳しい自然環境で育まれた見事な根元と太幹をしています。花時期でなくても、野趣に富んだ存在感のある一樹です。

皐月

洒落た鉢に植え付けられたサツキは、生け花のような華やかな雰囲気を醸し出しています。盆栽の新たな可能性を示唆するような一樹です。

皐月

圧倒的な存在感のある根元と太い幹を持ったサツキの盆栽です。山野からそのまま採取した屋久島のサツキの原木で、非常に貴重なものと言えるでしょう。一斉に咲かせた色鮮やかな花と、太い幹の老木の佇まいのコントラストが非常に印象的です。花時期でなくても、野趣に富んだ存在感のある樹姿のサツキ盆栽です。

サツキは「岩躑躅」として、他のツツジと一緒に古くから庭園に植えられてきました。この頃の記録では、サツキとしてはっきりと区別できるものはなく、ツツジの一種として取り扱われていたようです。後に最古の花道書とされる「仙伝抄（1445・文安2年）」や「池坊専応口伝（1542・天文11年）」、「替花伝秘書（1661・寛文1年）」などに「五月一日の心に岩つつじ」と花期がわかる記載があり、これはサツキを指すと考えられます。「立花正道集（1684・天和4年）」ではサツキの名が記され、以後花道書のほとんどで「サツキ」と明記されるようになりました。園芸書では「錦秋枕・伊藤伊兵衛三之丞（1692・元禄5年）」には、サツキの部として161品種を掲げ、色彩、花期、花の大きさ品位などを記し、サツキの盛況ぶりが伝わってきます。

盆栽にされる樹は、山取りものやそれらを殖やした古花が多く、花色、花形が少しずつ異なります。花色、葉の大小・形・厚味・色が重んじられ、端正な花容と葉性の調和したものを良しとします。

花の改良は江戸期に行なわれ、日本で最初の園芸書とされる「花壇綱目」には約50品種の名が記される。中期には、「盆梅」が庶民にまで広がり、新春を寿ぐ植物として「振り売り」され、浮世絵で座敷飾りにされていた様子が伝わる。亀戸梅屋敷の臥竜梅などの名木や梅園などの「名所」が、作られ行楽の対象となった。

梅

有史以前に薬用や食用として、実梅が渡来。奈良期、遣唐使により花梅がもたらされ、花と香りを味わう樹として庭園に植えられるようになる。近縁のスモモ（李系）やアンズとの自然交雑によると考えられる品種を含め、花や枝の色、実の大きさなどにより、3系統に分類されている。

梅 [三吉野]

まさに浮世絵から抜き出たような梅の盆栽。浮世絵に描かれた梅の鉢植えを意識してつくられたことがうかがえます。梅に藍色の染付鉢はよく合います。正月飾りにも欠かせない梅の盆栽。江戸っ子を魅了した鉢植えの醍醐味を味わうことができます。

ウメ
Prunus mume
バラ科

梅 ■ 109

梅 [蘇芳梅（すおうばい）]

真っ直ぐ上に徒長した枝々に鮮やかな花を咲かせた様は、これぞ花時期の梅といった味わいです。染付の丸鉢が梅の紅い花を一層引き立てます。明らかに浮世絵に描かれた梅の鉢植えを意識してつくられた梅盆栽で、趣味人としての江戸っ子の「粋」を感じます。

松と共に正月の盆栽飾りの双璧をなすのが梅です。梅は万葉の時代から広く日本人に親しまれてきた樹種です。その花の気品ある姿と清らかな香りは古くから詩歌にうたわれ、画題にもなってきました。中国の文人気質を模して、梅を観賞することが貴族たちの間でもてはやされたとも言われています。春に先駆けて咲く花として、当時は桜よりも人気があったようです。早春のまだ冷たい空気の中で一輪、また一輪と咲き始める梅は、他の花もの盆栽の樹種とは一線を画する味わいがあります。歳月を経て古色を帯びた幹肌に、ぽつりぽつりと清楚で可憐な花を咲かせる風情は格別です。華やかさの中に哀愁のようなものがあり、清純さの中に妖しさのようなものをも秘めています。中国の文人たちが愛好していたというのも頷けます。

梅 ［日月(じつげつ)］

古びて細かくめくれた樹肌は苔むし、いかに長い歳月を鉢の中で生きてきたか伺えます。がっしりと大地をつかんだ根元、枯れて失われてしまったであろう枝々の痕も残る幹には、盆栽ならではのぎゅっと凝縮された命のドラマが見てとれます。年輪を重ねることによって得られる気高さや尊さ。そして天に向かった枝々にぽつりぽつりと咲いた慎ましやかな白い花。梅盆栽の魅力を余すことなく伝えてくれる名木です。

紅梅

大正時代初期から受け継がれてきた八重咲の紅梅の盆栽です。梅盆栽の究極の理想形を追求したかのような樹姿をしています。「梅は枝を細かく混ませるよりも、最小限の枝で表現したい」とはこの盆栽を育んできた名匠の弁。盆栽ならではの、梅の味わいが表現された名木です。浮世絵の世界から抜け出たような、「粋」な江戸の美意識を継承している盆栽とも言えるでしょう。

野梅

太い幹の芯は朽ち果て洞となり、残された樹皮は歳月にさらされ荒れて苔むしています。それでも枝先には清楚な白い花をたくさん咲かせ見頃を迎えています。老古木が育んだ瑞々しい命の「美」に目を奪われます。新と旧の命が生み出す「美」が共演した、梅盆栽の醍醐味を教えてくれるような名木です。

野梅

有栖川宮家が愛培していた樹齢100年以上の野梅の盆栽です。幹は芯が朽ちて空洞になっています。このように樹皮だけになっても、梅は逞しい生命力で新たな枝葉を茂らせます。歳月を経て古びて荒れた樹肌に映える清楚で可憐な花。梅ならではの味わいと言えます。華やかさの中にも哀愁が漂う、梅盆栽を代表するような名木です。

梅の花は、早春、夕暮れが少しずつ遅くなった頃開きます。日差しが春を予感させるものの、空気はまだ凛と冷たく、そんな張りつめた空のもと、淡い香りを漂わせます。もし、開花がもう少し遅かったら、これほど注意を引く存在になったでしょうか。貴重な実や花を手に入れられるのは、身分の高い人々。あまり大きくなる木ではないため、庭先に植えて、枝先に近づき、心待ちにしていた暖かい季節を香りで感じられます。観賞は、沢山の木で一斉に咲く様子を見るというよりは、一枝一枝の花を香り味わいながら眺めます。本居宣長は、「梅は個々の美であって全体の美ではない」と記しています。春めいてきた庭園をそぞろ歩きしながら、歌を詠み、盆梅や切り花として、近くに置いて香りとともに楽しむ花です。盆栽には、野梅系に分類される、白花で小輪の一重咲きが好まれます。

梅 [佐橋紅]

芯が朽ちて荒れた幹が老古木の深みのある味わいを生んでいます。青絵の染付鉢は、梅の紅色の花を引き立てています。惜しむらくは頭部の枝配りが、幹の古木感とうまく調和していない印象を与えるところでしょうか。長い歳月を生きてきた樹の枝々がどのようになっているか考えながら剪定したり、樹姿を整えていくのも盆栽の醍醐味なのです。

1:未開紅　2:蓮久　3:黄梅　4:開運　5玉英　6:佐橋紅　7:未開紅

8:玉英　9:鹿児島紅　10:青軸　11:大輪緑萼　12:冬至　13:唐梅　14:緋梅

桜

日本に自生するサクラ属のうち、カンヒザクラ、ヤマザクラ、オオヤマザクラ、エドヒガン、オオシマザクラ、カスミザクラ、マメザクラ、タカネザクラ、チョウジザクラ、ミヤマザクラ、10種を主体とする園芸品種の総称。花期は3月下旬〜5月中旬で、約2ヶ月かけて日本列島を北上する。古くから野生種の花変わりを選び、庭園に植えられてきた。

富士桜

桜は日本の国花として古くから多くの人々に親しまれ、『万葉集』や『古今和歌集』などにも詠まれてきました。春の訪れと共に明るく華やかな花を咲かせる桜は、日本人にとって春を迎える希望のシンボルとも言えます。富士桜はその名の通り富士山の裾野、箱根・伊豆・房総地方に自生する桜で、人気のミニ盆栽としてよく見かけますが、ここまで見応えのある樹姿に仕立てられたものは貴重だと言えるでしょう。一斉に花を咲かせた風情は圧巻です。

サクラ
Prunus cv.
バラ科

寒桜

桜の魅力をたった一枝で表現している小品盆栽です。小さな蕾が少しづつ膨らみ、やがて花を開かせます。花が散ると今度は新芽が膨らみ、鮮やかな緑の葉が展開されます。たった一枝でも、時間の経過と共にそのような日々刻々の風情を楽しめるのが生け花と盆栽の違いです。日々の暮らしに小さな命が芳醇な彩りを添えてくれます。

サクラは日本人の生活との関わり深く、有史以前から田植えなど農耕作業の指標とされ、「花見」は、秋の豊作を願う農耕祭祀から始まったとも言われています。現在、儀礼の意味は忘れられてしまいましたが、3月になり、今か今かと開花を心待ちにする花は他にはありません。

桜前線は、南から北へ。その指標となるサクラはソメイヨシノ。この花は、エドヒガンとオオシマザクラの流れくむ雑種を起源として、江戸末期に染井で見出されたとされる園芸品種です。葉が出る前に、淡い桃色の花を一斉に咲かせ、花びらがはらはらと散るさまが好まれ、明治から戦後、学校、公園や街路など各地に植えられました。サクラと言われて誰もが思い浮かべるのはこの花で、今や花見の代名詞とも言えるでしょう。日本人にとって、卒業や入学、別れと出会い、体感的な年の変わり目はいつもこの花の景色とともにあります。早春に咲くツバキやウメが、一花一花を見る樹木とすれば、サクラは、樹全体に咲く、群れとしての花を見ます。本居宣長は、「桜は全体の美であって個々の美ではない」と述べています。

ソメイヨシノが広がる以前は、各地で花色や花形の少しずつ違う、山野のサクラの野生種を庭園に植え、観賞していました。山の中で、花弁の数やわずかな色の濃淡、一枝一枝を丹念にみて、「私の桜」を選んだのでしょう。そうして選ばれた中から、さらなる枝変わりを果樹の接木法を使って育て、長い時間をかけて積み重ね、現在では300品種とも言われる園芸品種が生み出されました。

写真は、一花をじっくり眺められるよう、サトザクラの品種を蕎麦猪口に生けたもの。園芸品種のほんの一部ですが、花色、花形の違いが伝わるでしょう。群れで一斉に咲くサクラを少し離れて、一枝一花を愛でる、古の花見もまた一興。

1:安行寒桜　2:雅　3:大寒桜　4:天城吉野　5:鬱金　6:鬱金　7:旭山　8:一葉　9:雨宿　10:雨宿　11:永源寺　12:関山　13:関山　14:気多の白菊桜　15:兼六園菊桜　16:兼六園菊桜　17:御衣黄　18:御衣黄

19:御衣黄　20:江戸桜　21:山桜　22:市原虎の尾　23:染井吉野（染井匂）　24:太白　25:大島桜　26:大島桜　27:大島桜　28:天城吉野　29:帆立　30:普賢象　31:福禄寿　32:鬱金

花梨

中国原産の落葉樹。雌雄同株だが、雄花と両性花が混在する。春に白〜淡紅色の花が咲き、9〜11月頃に黄熟する果実はとても香りが良い。幹肌は樹皮が剥がれ落ちて滑らか。花、実、紅葉、幹肌と様々に楽しめる。ただし、ヒノキ科のビャクシン類を近くに置くと、そこから赤星病（赤サビ病）がうつることがあるので注意を要する。

花梨

樹高：100cm　鉢：古渡広東鉄釉額入浮彫人物文外縁隅切長方

八方に大地をしっかり掴んだ根元、天に向かって立ち上がる幹、不動明王の炎のような枝振りで、圧倒的な大木感を見せてくれる花梨の名木です。名盆栽として朝鮮半島より渡来し、根津美術館の創始者・根津嘉一郎、元総理大臣の佐藤栄作氏、元総理大臣で日本盆栽協会会長も務めた岸信介氏が愛蔵してきた名木です。さまざまな歴史の重みを感じさせてくれる貴重な一樹です。

カリン
Pseudocydonia sinensis
バラ科

サンザシと呼ばれる樹には中国原産のサンザシ、オオミサンザシ、ヨーロッパや北アフリカ原産のセイヨウサンザシがある。日本には江戸時代に中国原産のサンザシが薬用として持ち込まれた。ウメの花に似た小ぶりな花を密に着け、秋に熟す果実はドライフルーツや果実酒にするほか、心臓病の薬として用いられてきた。

サンザシ

Crataegus cv.
バラ科

赤花山査子　樹高：67cm

山査子は春に白い花を咲かせますが、この赤花山査子は、ヨーロッパや北アフリカ原産の西洋山査子からの変種で、八重咲きの紅色の花を咲かせます。春らしい華やいだ可愛い花と、古木感のある太い幹のコントラストが非常に印象的な一樹です。瑠璃釉の鉢が花時期の樹を見事に引き立てています。

山梨

本州中部地方以南、四国、九州に分布する落葉高木で、樹高は10mを超える。中国から渡来して栽培されていた和ナシが野生化したものと言われている。花は4〜5月頃に咲き、白い花弁と紫色の雄蕊が目を引く。秋に熟す実はたわわになるが、直径2〜3cmほどと小さく、また、固くて渋いため食用には向かない。

ヤマナシ
Pyrus pyrifolia
バラ科

山梨

冬に小ぶりな実を付ける山梨は、秋の鑑賞会には欠かせない実もの盆栽の人気樹種の一つです。小さな鉢の中でたわわに実らせた姿は、観賞者を強く惹きつけます。花が咲いた後、小さな実が日々少しづつ大きくなっていく様子は見飽きることのない楽しみです。毎日、生命の逞しさや不思議さを再認識することも、盆栽の醍醐味なのです。

姫林檎

中国原産のイヌリンゴやその交配種で小さな実を着けるものを姫リンゴと呼ぶ。イヌリンゴの変種であるマルバカイドウはリンゴの矮性台木として利用される。秋に熟す実はまさにリンゴのミニチュア版でつい手を伸ばしたくなるが、酸味が強く、可食部も少ないため食用には適さない。

ヒメリンゴ
Malus cv.
バラ科

姫林檎

秋になると一際注目されるのが、実を付ける実もの盆栽です。まさに「実りの秋」を満喫させてくれる盆栽なのです。実もの盆栽のさまざまな樹種の中でもとくに人気が高いのが姫リンゴです。愛らしいその丸い実には人を惹きつける魅力があります。人々の心の奥底に眠っている、太古から養われた「自然の恵みへの感謝」を呼び起こしてくれるからかもしれません。

園芸品種は、江戸時代に花物として、鉢仕立てにして楽しまれていたと考えられますが、はっきりとした記録は残っていません。現在の品種は、明治時代の終わり頃から、埼玉県の安行や新潟県新津地方で栽培が始められたものです。特に新津では、「放春花」と名付け、鉢植えで個々の花を楽しむための新品種を育成しました。大正2（1913）年の越後小合園芸同好会発行の銘鑑には27品種、大正3年には重複を除き、最新珍種の部として6品種、新花優品の部に3品種が加わり、36品種が記録されています。

木瓜

平安期に中国から渡来した落葉喬木のマボケ、ヒボケによる園芸品種と、日本に自生し、這性のクサボケ（別名シドミ）を含めた総称。小枝には刺があり、大きな実をつける品種もある。花期は、前者が4〜5月。後者は3〜4月。群生ではなく、根締めなどに一本植えて愛でる。開花が早く、寒さの厳しい時期に咲くものを寒ボケとして扱う。

草木瓜

日本に自生する木瓜の仲間、草木瓜の貴重な太い幹の盆栽です。草木瓜は落ち着いた色調の花を咲かせ、香りの良い実をならせます。幹は太りにくく地を這うように伸びるので、太くなる地下茎を利用して盆栽に仕立てられてきました。この樹もおそらく地下茎が何本かからんで太い幹になったものと思われます。

ボケ
Chaenomeles cv.
バラ科

椿

ヤブツバキ、変種のユキツバキ、両者の交雑種であるユキバタツバキの総称。ヤブツバキは本州の青森以南、九州、四国、沖縄に分布。花期は11〜12月または2〜4月。ユキツバキは、東北から北陸地方の日本海側に分布。花期は4〜6月。ユキバタツバキは両者の自生域が重なるエリア。園芸品種は、同属サザンカや中国産のトウツバキとの交雑種も多い。

古来より、霊力の宿る木として社寺に植えられてきました。固い材、実の油、薪炭など日本人の生活に密着してきた有用樹種で、生け花の材料としても愛される花木です。花は、まだ寒さの残る早春、艶やかな緑色の葉の先端に凛とした姿を見せてくれます。これからやってくる春を予感させ、内に秘めた生命力を感じさせる小さな炎のような紅色です。群れで植えられた景色というよりは、一本一本の樹姿と個々の花を見る樹木と言えます。

大輪の花が好まれる西洋と比べ、日本では、個々の花と葉のバランスが良いことが、とても重要視されます。花は、花芯の形と花弁の開き方の違いにより、分類されています。花色と花弁の文様の組み合わせにより多彩な印象の花があります。

虫によって受粉が終わると、花は早々と花の根元から落下。花弁には、まだ鮮やかな色が残っています。咲き誇る姿だけでなく、散り花を眺めるのも一興です。サザンカのように一枚一枚花びらが散る「散り性」の品種もあり、色彩が少ない季節に敷き広がる花びらもまた美しいものです。

盆栽には、主に野生種が使われます。花に変化のある品種では、茶花として好まれる小さく猪口咲きの侘助、チャとの交配種である「炉開き」など、花が小ぶりで枝葉とのバランスがよいものが選ばれます。

椿［太郎冠者］
Camellia japonica
ツバキ
ツバキ科

桜や梅と共に古くから日本人に親しまれてきた椿は、桜や梅とは違った深い趣きが感じられます。照りのある厚い葉と、あたかも森の中の花の精のような印象的な花。江戸時代には椿ブームが起こったほどで、何百にも及ぶ品種がつくられました。この椿の盆栽は、まだ若い細幹の樹々ではありますが、椿特有の風趣をしっかり味わうことができる寄せ植えです

藪椿

椿は、日本の豊かな四季を表現するのには欠かせない樹種と言えます。盆栽に仕立てると端正な美しい樹形になりますが、この樹のように見事な太幹に育てるには何十年もかかります。どっしりとした根元、苔むした幹肌、老大木の威厳を感じさせる椿の盆栽です。やはり花時期の風情は格別なものがあります。

藪椿

日本の椿の代表的な自生種が藪椿であり、国内には1000をこえる椿の品種がありますが、その多くは藪椿から生じたものです。花を落とした風情も哀愁が漂い、絵になるのが椿です。その静寂な佇まいが古くから日本人の心を惹きつけてきました。この樹のように鉢からこぼれ落ちるような懸崖の樹形に仕立てると、花時期の風情も格別です。

椿 [胡蝶侘介(こちょうわびすけ)]

椿の数多い品種の中でも「侘介」は、茶花として古くから愛好されきました。人工的に作出された園芸種なのか、野生種の自然交雑によるものかも分かっていません。品のある小輪の花を咲かせ、花色も白、桃、紅、絞りなど変化に富んだ品種がそろっており、盆栽としてもたいへん人気があります。

姫沙羅

日本特産で、関東以南〜九州、屋久島に自生する。冬のイメージが強いツバキの仲間だが、このヒメシャラと近縁のナツツバキは、夏に白い花を咲かせる。葉は薄く、ツバキのような厚みと照りはない。若木の内は黄色がかった樹肌だが、生長すると剥がれ落ちて赤褐色の滑らかな肌が現れる。秋、オレンジ色の紅葉も美しい。

姫沙羅

瑞々しい黄金色に輝く幹肌の美しさは、他の樹種には見られない独特な味わいで、雑木盆栽として人気があります。樹肌の美しさは毎年、薄皮が剥がれるように表皮が更新することによって保たれています。大地をがっしり掴むように根を張ったその根元は力強く、三つに枝分かれしていく様は、自然界の大木を彷彿とさせます。小人になって根元から見上げたくなるような一樹です。

ヒメシャラ
Stewartia monadelpha
ツバキ科

姫沙羅　樹高：72cm

この盆栽は姫沙羅らしい、実に優しい自然な樹姿です。山野の雑木林や緑豊かな公園の木々を連想させてくれます。観る者を穏やかな気持ちにさせてくれる雑木盆栽らしい名木と言えるでしょう。姫沙羅の瑞々しい樹肌が樹に品格を与えています。

藤

日本最大の木本性ツル植物。日本の本州、四国、九州と広く分布するフジと、本州西部から四国、九州に分布するヤマフジ、そこに中国大陸から導入したシナフジが関わり、園芸品種が生まれた。花期は4月下旬～5月上旬。

フジ
Wisteria
マメ科

藤（宮内庁）

4月から5月にかけて花咲く藤は、古くから日本人に親しまれ、我が国最古の歌集『万葉集』や『源氏物語』にも度々登場します。その豪華で美しい花房と香りは、世界中の人々にも愛されています。この藤は皇居の盆栽らしい、味わい深い、非常に古びた幹肌をしています。幹の曲も人工のもの（人が針金かけ等で曲げたもの）にはない深い味わいがあります。花時期には、そんな幹と瑞々しい花のコントラストが絶妙な一樹です。

藤

小さい樹ながらも、花時期にははっとするような存在感を見せてくれる藤の盆栽です。下方に伸びた美しい花房と樹形のバランスが絶妙で、いつまで眺めていても見飽きない味わいがあります。奇をてらうことなく、自然の美をそっと素直に表現した、藤の盆栽のお手本にしたいような一樹です。

藤

古びた荒れた樹肌をした捻転する幹は迫力があり、この樹が生き抜いてきた長い歳月を想像させてくれます。たくさんの美しい花房を伸ばす花時期のことを考えると、藤の盆栽はこの樹と同じように鉢からこぼれ落ちるような懸崖樹形こそ相応しいと思われます。豪華絢爛な花時期の姿は誰もが感動するのではないでしょうか。

万葉集、古今和歌集に「わが屋戸」という言葉ともに詠まれているように、古くから庭に植えられていました。当時の人々は、マツに絡ませて花を愛でていました。高貴な紫色の花は貴族に好まれ、「枕草子（八四段）」では、めでたき物として「色あひふかく花房長く咲きたる藤の花、松にかかりたる」と記されています。また、「源氏物語絵巻（蓬生）」では、末摘花の屋敷を訪れた源氏が、松にかかった藤のしずくを傘で受けている図が描かれています。14世紀後半の「法然上人絵伝（巻四）」にもマツに絡んだフジの光景が描かれています。ほどよく枝葉が透け、花を見るのに邪魔にならないマツは、フジを自然に絡ませるのに最適だったのでしょう。江戸時代、大名屋敷がつくられる中、ブドウ棚を転用した現在のような棚仕立てが始まったと考えられています。回遊式庭園の重要な要素となる一方、フジの名所が生まれました。棚づくりは、遠くからは全体の姿を、下からは花を見上げて、白花や口紅と呼ばれる桃花、濃紫色の黒龍、八重の花など姿や長い花房を楽しみます。盆栽には、野生種のフジや花房が短いヤマフジの野生種が使われ、樹と花の長さのバランスが重視されます。

藤

浮世絵から抜け出たような藤の盆栽です。品種は「九尺」。松竹梅の青絵の描かれた染付鉢が、藤の花と見事に調和して全体的な印象を引き締めています。様々な植物を染付鉢に植え付けて楽しんでいた江戸っ子の、洗練された美意識には頭が下がります。

山柿

東アジア原産の落葉高木で、渋柿とその変異種である甘柿があり、渋柿はやや寒冷地に、甘柿は暖地向き。熟果を食用にするほか、若い実からは柿渋を採る。ヤマガキは日本や中国、済州島の山地に分布。中国原産のヒメガキ（姫柿）・ロウヤガキ（老爺柿）、シセントキワガキ（四川常葉柿）なども盆栽に用いられる。

山柿

柿は日本人にとって、郷愁を誘う樹種の上位に挙げられるはずです。秋の山里の景色として、民家の庭先などで実を付けた柿の木を思い浮かべる人は多いのではないでしょうか。ですから盆栽としても、柿は非常に人気が高い樹種なのです。この柿の盆栽は端的にその魅力を表現しています。存在感のある太い幹、そして徐々に色づいていく実、この二つの象徴的な要素だけで秋という季節を堪能することができます。それこそがまさに盆栽の醍醐味なのです。

ヤマガキ
Diospyros kaki var. sylvestris
カキノキ科

梅擬

本州、四国、九州、中国の山野に自生する落葉低木。葉や樹姿がウメに似ることからこの名がつけられた。初夏に咲く花は淡紫色であまり目立たない。秋に赤く色づき、冬まで残る実を観賞するが、雌雄異株で雄木には実がならないので要注意。果皮が白いシロウメモドキ、果皮が黄色いキミノウメモドキもある。

ウメモドキ
Ilex serrata
モチノキ科

梅擬

花の形が梅に似ていることから、「梅モドキ」の名が付けられたと言われています。根元から小枝(ひこばえ)がよく出るため、この樹のように株立ちに仕立てられた樹姿が盆栽として多く見られます。秋から冬にかけて真っ赤に熟す小さな実をたわわに実らせます。その樹姿には誰もが惹きつけられることでしょう。実もの盆栽として非常に人気の高い樹種なのです。

欅

本州、四国、九州、東アジアの一部に自生する落葉高木。大きくなると30〜40mにもなる。全国各地に有名な「大ケヤキ」があり、特別天然記念物や天然記念物に指定されている樹もある。盆栽では春に芽吹く若葉、夏の緑葉、秋の黄葉・紅葉、冬の落葉の情景と、平野に佇む大木のような風情を一年を通して楽しめる。

ケヤキ *Zelkova serrata* ニレ科

欅

欅は、雑木盆栽の中ではたいへん人気の高い樹種です。欅の盆栽の大部分が、この樹のように箒を逆さまにしたような「箒作り」に仕立てられます。欅盆栽特有の「箒作り」は誰もが魅かれる樹形であり、見晴らしの良い広い大地にそびえ立つ大木を彷彿とさせます。盆栽ならではの「型」を感じさせる、自然美の表現と言えるのではないでしょうか。

橅

北海道南部から九州にかけて、暖地では高地に、寒冷地では低地に自生する、日本特産の落葉高木。温帯林を構成する代表的な樹木の一つ。秋に熟す実は3つの稜がある堅果だが、渋みがなく食用にできるので、ブナは別名をソバグリとも呼ばれる。灰白色の幹と繊細な枝ぶりを愛でる。葉は秋には黄色く色づく。

ブナ
Fagus crenata
ブナ科

橅寄せ植え　銘 ｜ 白神の里（しらかみのさと）｜

樹高：106cm　鉢：和楕円

ブナは根で土壌をほぐし、落ち葉で土を肥やし、たくさんの清水を貯え、木の実は多くの森の動物たちを養います。ブナは豊かな自然を育む、まさに山の守り神とも言える樹種なのです。雑木盆栽の中でも、灰白色の美しい幹と繊細な枝ぶりを見せるブナは格別の味わいがあります。このブナの盆栽は手前に太い樹、奥に細い樹を植えるという遠近法が用いられた寄せ植えです。世界遺産である白神山地のブナの原生林を彷彿とさせることから「白神の里」と命名されました。

小楢

東アジアに分布し、日本では北海道から九州にかけての山野に自生する落葉高木。ブナとともに温帯林を構成する代表的な樹木の一つ。生長が比較的早く、雑木林に多い。秋に熟す実（ドングリ）は食用に、材は薪や炭、シイタケの原木、器にと広く用いられてきた。名前はミズナラ（オオナラ）と比べて小さいナラという意味。秋には紅葉する。

小楢 樹高：95cm 鉢：南蛮丸

小楢は秋になると茶褐色の実の「どんぐり」を実らせます。季節を感じさせる盆栽の樹種として、小楢は捨てがたい味わいを持っているのです。この樹は細い幹ではありますが、すでに50年以上の歳月を生きており、どこか飄々とした樹姿には郷愁のようなものを感じます。

コナラ
Quercus serrata
ブナ科

小楢 151

野茨

北海道から九州までと朝鮮半島の草原や河原、林縁などに自生する、落葉性のつる性低木。ノバラ（野薔薇）とも呼ばれる。茨＝棘のある低木として雑草扱いされるが、西洋のバラに「房咲き」の性質を与えた重要な原種でもある。花期は5～6月。香りの良い白～淡紅色の花を房状に着ける。秋に赤く熟す実は薬として用いられている。

ノイバラ

Rosa multiflora
バラ科

野茨

日本の山野に自生する野茨は、可憐な白い花を咲かせることで盆栽としても人気がありますが、その多くがミニ盆栽であり、この盆栽のように大きな樹は貴重だと言えるでしょう。白い可憐な花と、古びた幹のコントラストがとても印象的です。このように永い歳月を生き抜いてきた生命と、若く瑞々しい生命が同居するところが盆栽の大きな魅力の一つなのです。

木通

東アジアに分布し、日本では本州、四国、九州に自生する落葉性つる性低木。アケビは、小葉が5枚つく掌状複葉。東北地方～北海道に多いミツバアケビは小葉が3枚。アケビとミツバアケビの雑種であるゴヨウアケビは小葉が5枚つく。アケビの花期は4～5月。同じ株に雄花と雌花が咲く。秋に熟す果実は、果肉（胎座）・果皮ともに食べられる。

アケビ
Akebia quinata
アケビ科

アケビ
古くから日本の山野に自生したアケビは食用としても親しまれてきました。実もの盆栽としても、人気の樹種でもあります。どっしりと力強い根元、古びた樹肌……、小さいながらも堂々たる威厳を感じさせてくれる盆栽です。

無花果

西アジア南部原産。歴史の非常に古い果樹で、世界中で広く栽培されている。禁断の果実を口にしたアダムとイブが恥を覚えてその下半身を隠したのはイチジクの葉。果実は生食の他、コンポートやドライフルーツに加工して利用される。乾燥させた熟果や葉を薬として用いてきた。3裂または5裂する大きな葉に趣があり、樹全体に独特な香りがある。

イチジク
Ficus carica cv.
クワ科

イチジク

果物として親しまれているイチジクは江戸時代に中国から運ばれてきました。当初は薬用として栽培されて、やがて食用としても広まっていきました。そんなイチジクの貴重な、風格のある盆栽です。どっしりとした根元、かくかくとした幹の曲、古びた樹肌……、その堂々たる樹姿には長い歳月を生き続けた生命の威厳が感じられます。

薄

日本を含む東アジアの高原、草原、空き地などに広く自生する多年草。日当たりを好み、群生して大きな株をつくる。草丈は1〜2m。無数の花茎を株元から直立させ、花茎の先端に長さ30cmほどの花穂を着ける。花穂やススキ自体を尾花と呼び、秋の七草の一つとして愛でる。古くからカヤ（萱、茅）と呼ばれ、屋根葺きの材料などに利用されてきた。

ススキ
Miscanthus sinensis
イネ科

薄

ススキは『万葉集』等には「尾花」と書かれ、平安の昔から歌や絵に題材としてよく登場しています。秋に飾られる山野草の定番であり、ススキと月は最もよくある秋のとりあわせです。草へんに亡びると書いて「芒（ススキ）」と読ませます。ものの哀れを感じさせる草であり、枯れたさまも美しく、朽ち果てるまで風情があります。生命のドラマを感じさせてくれる草だと言えるでしょう。しかし、実はススキは強健な草でもあり、野原の植生の王様とも言えます。日本の原風景を代表する草木と言ってもいいでしょう。

葦

世界各地の温帯から熱帯にかけての湿地に自生する多年草。古来「アシ」と呼ばれていたが、「悪し」に通じるということで「ヨシ」とも呼ばれるようになった。正式な和名は「ヨシ」。草丈は5m以上に直立。地下茎で広がっていく。葦簀(よしず)は刈り取ったアシの茎を並べて糸で編んだもの。盆栽には同属の西湖葦(セイコノヨシ)などを用いる。

アシ
Phragmites australis
イネ科

葦

西湖葦はイネ科の多年草で湿地に自生し、アシ(ヨシ)に似ていますが、葉はぴんと上を向きアシのように先が垂れ下がりません。和名の由来は中国の西湖に生える葦という意味からきています。草もの盆栽としても人気がある植物で、涼を感じさせてくれるので、夏の盆栽飾りに適しています。

ガマ

Typha latifolia
ガマ科

蒲

日本では北海道から九州にかけて、池や沼の岸辺に自生する抽水性の多年草。草丈は1〜2m。夏、茎頂に花穂をつけるが、暗褐色な穂の下部は雌花の集まりで、黄色い穂の上部は雄花の集まり。熟した果実は風などの刺激を受けると弾けて、種子を遠くへ飛ばす。因幡の白ウサギの逸話にあるように、花粉には薬効がある。

蒲

穂がなんとも形容しがたい味わいを醸し出しているガマは、野趣に富んだ植物です。素朴で、個性的で、夏の風情を感じさせてくれます。水辺に生えるガマは夏の涼を表現するのにうってつけで、暑い時期の盆栽飾りとして昔から人気がありました。

日光黄菅

本州中部以北、北海道、サハリンの草原・湿地に自生する多年草。標準和名はゼンテイカ（禅庭花）だが、ニッコウキスゲの名前で呼ばれることが多い。日光地方だけではなく、本州中部以北では普通に見られる植物である。花期は場所にもよるが、5月中旬〜8月上旬。ユリに似たオレンジ色の花が日中いっぱい開き、夕方には萎む。

ススキノキ科

Hemerocallis dumortieri var. esculenta

ニッコウキスゲ

日光黄菅

ニッコウキスゲは尾瀬の代表的な花の一つです。尾瀬のような標高の高い湿原では、花は7月中旬から下旬に咲きます。鮮やかな黄色の花が、夏の風情を感じさせてくれます。その満開の花の美しさと同じくらい、強く目を引きつけられるのが、七福神があしらわれた豪華な存在感のある鉢です。絶妙な取り合わせと言えるでしょう。

白花曼殊沙華

シロバナヒガンバナ

Lycoris albiflora

ヒガンバナ科

日本全土で見られる球根植物。ヒガンバナとショウキズイセンの自然交雑種とされている。花期は9月頃。葉が出る前に花茎が高さ50cmほど垂直に伸び、その先端に5～6個ほどの花が咲く。花色は白で淡紅色を帯びることもある。花後に線形の葉が出てロゼット状に広がり、翌年の5月頃には葉が枯れる。ヒガンバナと同様、全草有毒である。

白花曼珠沙華

草もの盆栽として人気が高い曼珠沙華は、秋の彼岸頃に咲くので「彼岸花」とも呼ばれています。日本各地の堤防、田んぼのあぜ道、寺院や墓地などひと気のあるところに自生しています。花時には葉がなく、華やかでありながらも、どこか寂しげに咲いている風情は、まさに日本の秋を代表する光景と言えるでしょう。

第 3 章

伝統園芸植物

鑑賞のポイント

紫陽花

日本に自生する落葉低木で、ガクアジサイ、ヤマアジサイ、エゾアジサイ3種の手毬咲きになるアジサイ類の総称。3種の分布域は異なるが、生育が近接する地域では、自然交雑種と考えられる個体も見られる。地域ごとに装飾花の色あいや形、つき方などに多彩な変化があり、地域名のついた品種が数多くある。花期は6〜7月上旬。
欧米で改良された品種が「西洋アジサイ」として里帰りした。日本でも新たな育種が進み、鉢物として人気が高まっている。一関や明月院など、各地に名所が生まれている。

アジサイ

Hydrangea cv.
アジサイ科

アジサイには、花びらのような萼の中央に小さな花がある「装飾花」とこの萼を持たない「両性花」があります。花形は、全体が前者で覆われた「手毬型」と、後者の外側を装飾花が額縁のように囲んだ「額縁型」とに分けられます。

花として意識されるようになったのは、桃山時代。以降、青色の花が絵画や蒔絵、小袖などの文様に使われています。梅雨の木陰にひっそりと咲く青色の花は、蒸し暑くなってくる

黒軸アジサイは、前年に花芽をつけた枝が伸びて花を咲かせます。この枝が緑色ではなく、黒色になり、花色とのコントラストがくっきりして落ち着いた魅力があります。

斑入りは、葉に覆輪の白斑が入ります。青色の花との組み合わせで、涼しげな印象です。

季節に水と涼を感じさせる、絶好のモチーフだったのでしょう。紅色の花は、酒井抱一の「四季花鳥図巻」で手毬型の青色の脇に添えられているものがあるだけです。

現在では、萼色が白から桃、濃紅、紫、青と濃淡のある多彩なものが見られます。これらが、開花につれて色づく様子、形の変化、中央の花の色との組み合わせ、一本の樹でも枝によって少しずつ違う色合いが、この木の魅力です。

紫陽花 ■ 165

ガクアジサイ（ナデシコ花）は、装飾花に萼にナデシコのような切れ込みが入ります。

アジサイの花色

アジサイの花は、アントシアニンという色素を一つだけ持っています。この色素が溶けた水を酸性にすると紅色、アルカリ性にすると青色になることが知られています。古くはこの色素の細胞の酸性の度合いにより花色が変わると考え、土性により花色が決まるとされていました。しかし、近年アジサイの花はどんな花色も細胞内は酸性であることがわかりました。白色のアジサイは色素を持たないため、花色が変わりませんが、他はアジサイが取り込むアルミニウムイオンの量が花色を決めます。土壌が酸性だとアルミニウムイオンを吸収しやすくなり青色に、アルカリ性だと紅色に。これに、助色素（自らは無色）の働きで花色が決まるため、人の手では作り得ない微妙な色合いが生まれます。

アジサイの呼称

一般に、手毬型の花をアジサイ、額縁型をガクアジサイと呼びます。*H.macrophylla*の和名はガクアジサイ。園芸品種では、自生種3種それぞれに両方の花形のものがあります。このため、種をさす和名と花形からの呼称が混同してしまうことがあります。たとえば、ヤマアジサイの品種で額縁型の花を持つ'くれない'の花形は、いわばガクアジサイ。品種名やルーツを知らない人は、ガクアジサイと呼ぶこともあるようです。花形の呼称が広く知られているため、やむを得ない面はありますが、できれば園芸品種のルーツ・親の種がわかるようにしたいです。栽培するには、自生地の環境が重要です。現在のところ日本語での区分が難しいので、学名が添えてあるとわかりやすくなります。

杜若

日本の水湿地に自生する多年草。花期は5〜6月。奈良期には、染料植物として栽培され、名の由来は「かきつけばな」が転じたとされている。古くから庭園の池に植えられ、江戸期は、京都、大阪、江戸と各地に水辺の行楽地が生まれ、親しまれた。同属のアヤメ、ハナショウブは、花容も似るが、生育環境が異なる。

この花は古くから、庭園の沼池に植える重要な植物とされていました。アヤメ属のうち最も早く栽培がはじまったと考えられ、12世紀頃に成立したとされる平安時代の作庭技法を集大成した「作庭記」に、沼池に「ここかしこの入り江に、あし、かつみ（マコモ）、あやめ（ショウブ）、かきつばたやうの草をあらしめて、（略）」との記録が残っています。
当時の文化圏の中心だった近畿の低湿地に自生地があり、山地に多いアヤメや北方系のハナショウブに比べ、美しい花が目にとまったからでしょう。
高貴な紫色の花をつけたすっきりとした草姿は、水辺の景を象徴するモチーフとして、尾形光琳の「燕子花図屏風」をはじめ、蒔絵などの工芸品、家紋にも使われています。
のちに栽培が進んだハナショウブに比べ、園芸品種は少ないものの、江戸時代、日本で最初の総合園芸書とされる「花壇綱目・水野元勝著（1681・天和1年）には4品種、「花壇地錦抄・伊藤伊兵衛三之丞（1695・元禄8年）」には12品種が記されています。

カキツバタ
Iris laevigata
アヤメ科

花色や花径さまざまなカキツバタの品種。

脇床に飾られたカキツバタ。

カキツバタの屋外展示。

花菖蒲

日本の湿地に自生する多年草。ノハナショウブをもとに育成された園芸品種の総称。花期は6〜7月。江戸中期に本格的に栽培が始まったとされ、最盛期には400近い品種があった。ちなみに、端午の節句で菖蒲湯に使うショウブはショウブ科の植物で別種。

―――――

ハナショウブの本格的な栽培は、江戸時代、大名庭園が多数作られるようになり、野生のノハナショウブの花変わりが各地から集められた頃とされます。中でも江戸時代中期、旗本の松平佐金吾定朝は、自らを菖翁と称し、実生や交配を行い200品種とも言われる花を作出しました。培養法などを記した「花菖培養録（1849・嘉永2年）、（1853・嘉永6年）」などには、29品種の図も残されています。その花容は、ノハナショウブ1種のみからでは、これ以上望めないほどの域に達し、まさに現在のハナショウブの礎を築いたと言えます。江戸ではのちに、多くの花菖蒲園が作られ栽培が盛んになりました。この他、伊勢では紀州藩士吉井定五郎が、江戸系の品種を譲り受け、伊勢撫子、伊勢とともに「伊勢三珍花」と呼ばれる独自の花形を発展させました。肥後では、12代藩主が菖翁に、家臣の吉田潤之助を入門させ、「花菖培養録」と苗を「必ずこれを秘蔵し、みだりに他に分譲しないように」との言いつけとともに持ち帰りました。以来、肥後藩の「花連」で門外不出を守り、独自の飾り方、作り方を持つ「肥後六花」の一つとなりました。写真は「肥後系」（172頁）、「江戸系」（173頁上）、「伊勢系」（173頁下）。

ハナショウブ
Iris ensata var. spontanea
アヤメ科

江戸系の品種は、池のほとりや水田など屋外・地植えにします。直射日光に強く、色彩が鮮やかで、群生した花を見下ろして観賞する時の美しさに優れているものです。仕立て方には、特別な制約はなく、花形は三英咲き、六英咲き、玉咲き、爪咲きと多彩。

伊勢系の品種は、主に鉢仕立てにし、対座して観賞します。このため、草丈は花茎と葉がほぼ同じか低くし仕立てます。花形は、三英咲きを基本とし、縮緬地のような細かな凹凸のある花弁が深く垂れ、蜘蛛手と呼ばれる花芯の先端が切れるのが特徴です。

肥後系の品種は、鉢に仕立て、座敷で金屏風を背にして飾ったものを対座して観賞します。大輪の三英咲き、六英咲きで、幅広い花弁が垂れます。花の出来だけでなく、作の技術も重んじ、草丈は、対座者より高くならないように仕立てます。

江戸系ハナショウブの屋外展示。

花色や花径さまざまな江戸系ハナショウブの品種。

花菖蒲 ■ 175

キク
Chrysanthemum cv.
キク科

小菊の懸崖仕立て。

菊

古くから中国で栽培されていたさまざまな品種が、何度かにわたり日本に伝来。日本各地に自生するキクの仲間との交雑により現在の多彩な品種が成立したとされるが、明確な起源は明らかになっていない。唐文化の一つとして庭に植えられた。重陽の節句の「菊酒」「着せ綿」「菊合わせ」などの風習とともに高貴な花・霊草として、年中行事も定着した。江戸期には、栽培技術や改良が進み、日本独自の菊の文化が発展した。現在でも日本の花卉生産量が最も多い。近年、遺伝子の解析により、イエギクは黄花系のシマカンギクと白花系のリュウノウギクの雑種化により生じた可能性があるとされるなど研究が進んでいる。

―――

キクの名が記録に最初に記されたのは、現存する最古の日本漢詩集「懐風藻（751・天平勝宝3年）」ですが、伝来時期は諸説あり、実際に花を見て詠まれたかははっきりしていません。平安時代になると、菅原道真の漢詩集「菅家文草（かんけぶんそう）（900・昌泰3年）」では「畝を作って庭園に植える花」とされ、「枕草子（996・長徳2年）」や「紫式部日記（1008・寛弘5年）」などにも書かれています。この頃

三本仕立て3鉢とノギクの一種。

には、キクにまつわる風習とともにすっかり定着した様子がうかがえます。室町時代の「蔭涼軒日録（1435〜1493年）」には、赤系の品種の記載が見られ、「言継卿記（1527・大永7年）」には「菊の種十三色」と13以上の品種があったことがうかがえます。多くの美術品のモチーフとしても使われるようになり、江戸時代には、貴族や武士など身分の高い人だけでなく、広く庶民に定着。「菊合わせ」、「菊大会」など各地で開かれ、後期には、染井や団子坂で菊花壇や菊細工などの見世物が開かれるようになり、行楽として広がっていた様子は浮世絵や書物などで垣間見られます。菊細工は明治末頃まで続き、今でも11月3日の文化の日前後には、日本各地で菊花展が行なわれています。

一方、こうした大輪菊だけでなく、各地で特徴のある中菊が作られました。花弁が細く、刷毛状に直立する嵯峨菊、花弁の先が縮れて長く下垂する伊勢菊、一重の細い花弁が花芯を囲む肥後菊、花弁が、開花につれ捩れ、花芯を抱え込む「狂い」という芸をもつ江戸菊。花形だけでなく、仕立て方にもそれぞれ決まりごとがあり、多彩な花容があります。

福寿草

フクジュソウ
Adonis amurensis
キンポウゲ科

日本の山地林床に自生する多年草。これまで日本のフクジュソウ属の植物は1種のみとされてきたが、現在では、1本の茎につく花の数や萼片の長さなどで以下の4種に区別されている。北海道北東部に分布するキタミフクジュソウ、東北の太平洋沿岸から近畿東部、九州のミチノクフクジュソウ、北海道・本州にフクジュソウ、四国と九州の一部にシコクフクジュソウ。園芸化に関与したのは、自生域が重なるフクジュソウとミチノクフクジュソウとされる。現在では野生のものは激減し、絶滅危惧Ⅱ類（VU）に指定される。花期は3〜4月。

フクジュソウが、記録で残されているのは、江戸時代前期の俳諧手引書である「毛吹草（1645・正保2年）」が最初とされています。「先春たては福寿草の花、黄桜、白梅の色香もあらたまりつつ…」と取り上げられ、俳諧の四季之詞の一月には、「福寿草、元日草共」と書かれています。この頃から、旧暦の正月に他の花にさきがけて咲くフクジュソウは、「早春の花」、名の「福」から「縁起のよい花」として、庶民に愛される植物として広がっていったと考えられます。後の「花壇地錦附録（1733・享保18年）」では、浅黄福寿草、八重福寿草の解説と絵が描かれ、野生の山採り品の中から変わりものが見出されるようになってきたことがわかります。自生地から花色、花形の変わりものを収集し、160を超える園芸品種があったとされています。庶民向けの普通品と珍品とに分けて「振り売り」されていました。浮世絵でも、ウメとの寄植えや小鉢に植えられたもの、苗で売るのか数株が木箱に入れられたフクジュソウの様子が、縁日の屋台や棒振りに扮した歌舞役者とともに描かれています。

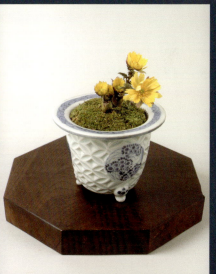

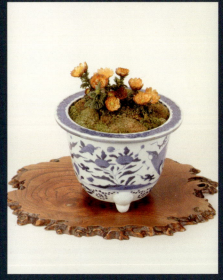

花色は鮮やかな黄色の他、紅色がかかる品種もある。

ユキワリソウ
Hepatica Nobillis Schreber var. japonica
キンポウゲ科

雪割草

日本の落葉樹林下に自生するミスミソウ、オオミスミソウ、スハマソウ、ケスハマソウ4種から見出された園芸品種の総称。現在多く見られる園芸品種は、主にオオミスミソウより選抜。花期は3〜4月。寒い地方では田に堆肥を運ぶ季節に咲くことから肥引草、地面近くでサクラに似た花を咲かせることから地桜、土桜。春告花などとも呼ばれる。

日本の自生種4種のうち、ミスミソウとスハマソウは江戸時代の園芸書にも描かれ、多様な花変わりがあったことは知られていましたが、自生地が加賀や越後と江戸から遠かったためか、大流行をするということはありませんでした。むしろこの花は、戦後、西洋の華やかな植物が入ってくる中、素朴で可憐な愛らしさに人々が改めて気づいたことでより知られるようになりました。現在でも多くの愛好者を持つ植物です。ユキワリソウには花びらはありません。美しい花びらのように見える部分は、萼片が変化したものです。観賞は、多彩な萼片の形と色合いの変化を見ます。花だけでなく、葉にも変化が多く、斑の入り方、模様も見られます。栽培には、通気性が良く保水性が高い素焼きの専用鉢が作られ、鉢を含めて草姿全体を観賞するという、伝統的な作法が踏襲されています。

美しい鉢との相性を観賞する。

可憐な花だけではなく、葉芸を愛でる品種もある。

雪割草 ■ 183

桜草

日本の山麓や川岸の湿気の多い野原に自生する多年草。花期は4〜5月。江戸中期、野生種の変わり花をもとに栽培が始まった。かつては、全国の谷戸田に接する里山の林縁部などの湿った場所に小さな群落が普通に見られたと考えられるが、現在では自生地が減少し、絶滅危惧Ⅱ類（VU）に指定。埼玉県の田島が原は特別天然記念物に指定されている。

江戸時代、荒川沿いの野に咲く小さな花は、群れで咲く風景の一部として見られるようになりました。その様子は、「一面の朱（あけ）に染如くして、朝日の水に映るかことし。」（江戸名所花暦：桜草）と記されるように、霞のかかる野にいっぱいに広がり、春の喜びを感じさせるものだったに違いありません。白魚にサクラソウの花を添えて、赤白（いえづと）だと洒落て、野遊びのお土産にしたとも言われています。そのうち、群落地から変わった花茎の長さ、花形や色、咲き方、目と呼ばれる花筒口など微細な変化があるものが選ばれて鉢で栽培されるようになりました。

サクラソウの品種は、花と草姿全体を見られるように「雛段飾り」（桜草作伝法）にして観賞したと伝えられています。草丈が低く、地面や鉢に植えられた状態で細かい変化が分かりにくいため、雛壇に飾り、下から見上げることによって、花弁の細かな切れ込みの違いや花色、目と呼ばれる花の中央部分の違いをはっきり見られるようにしたためです。雛壇は、油障子を屋根にした小屋に、花を引きたたせる紺土佐紙の障子を立てたもので、5段の雛壇に33鉢あるいは38鉢、6段に43鉢を並べていました。鉢は孫半斗と呼ばれる味噌などを入れておく磁器に穴をあけて使っていましたが、後に専用鉢が焼かれるようになりました。園芸品種は、江戸期から昭和、平成と愛培家の手により受け継がれ、各地で展示会なども行われています。

サクラソウ
Primula sieboldii
サクラソウ科

花弁の細かな切れ込みや花色、「目」などを観賞する。

サザンカ
Camellia sasanqua
ツバキ科

山茶花

山口、四国、九州の林中、林縁に自生。花期は10〜12月。母種となった系統と花期により、次の3系統に分類される。カンツバキ群：中部地方古木'獅子頭'の実生・後代、サザンカ群と容易に交雑（花期11〜3月）。ハルサザンカ群：サザンカとツバキの種間交雑・後代、花芯は下部が合生しヤブツバキに近く、結実率は低いか、結実しない（花期12〜4月）。タゴトノツキ群：中国原産のユチャの系統、種子から食用油を絞るため栽培。サザンカ群、カンツバキ群と容易に交雑、中間型が多数存在する。

「サザンカ、サザンカ咲いた道…」と木枯らしが吹く頃になるとふと頭に浮かぶ、童謡「たきび」の一節。そのせいか少し寂しげな初冬の印象のある花ですが、自生地は日本列島西南の暖地。ツバキと同じように種子から油を搾り、葉を茶の代用品として利用した記録が残りますが、園芸品種が記録に現れるのは江戸時代。自生地周辺で見出された、ヤブツバキとの種間交雑やその後代の紅花や八重咲きの品種が、東方の江戸にもたらされるようになってからです。

観賞は、生垣など群れで植えられた樹全体にあふれんばかりに咲く花。そして香り。思い浮かぶのは、カンツバキ群の'獅子頭'の淡い紅色ではないでしょうか。ツバキに比べ小振りな花は、色彩が乏しくなる初冬、小さな葉の脇にきりりと冴えた空気の中で開き、散るときは花びら一枚一枚を落とします。どちらかといえば、一花一花を見ることは少ないようですが、白い花びらの先端に紅をさしたような優しい色合い、薄く柔らかく波打った花びらなど、花容は多彩。自生地から遠く、人の手で運ばれた花は、色をなくした町で静かに咲き、温かなともしびとなりました。ふるさとからの長い道のりを思い浮かべながら、繊細な花をゆるりと眺めてみては。

1:福雀
2:池上紅
3:曳馬乙女
　(ひくまおとめ)
4:交配種
5:六歌仙

2 3
4 5

山茶花 ▫ 189

写真の伊勢ナデシコは、長く伸びた花弁の先が細かく裂け、ゆったりと垂れ下がる、独特の花容を持ったものです。成立にはカワラナデシコとセキチクが関わったとされ、オランダから渡来したアンジャベルが関与したという説もあります。鉢植えを座敷や縁先の弱光下で観賞します。

撫子

ナデシコ
Dianthus cv.
ナデシコ科

日本の山野に4種2変種が自生するナデシコ属の総称。古くから主にカワラナデシコは前栽として庭園に植えられていた。奈良時代、薬用の「瞿麦子(くばくし)」としてセキチク(唐ナデシコ)が渡来した。これに対し、日本のナデシコを「大和撫子」と呼ぶようになったとされ、日本女性の清楚な美しさを象徴する言葉となった。異種間の交雑が容易なため、様々な花形が生まれた。花期は7～10月。

ハナバス
Nelumbo nucifera
ハス科

花蓮

　原産は中国大陸・インドとされ、食用や薬用として有用な植物であったことから、ウメやモモと同じく、紀元前2000年頃に渡来人によりもたらされた。利用上、花立ちが少ない食用蓮と花立ちが多い花蓮に区別される。早朝に開花し、日が高くなると閉じる。泥中から出で、花を凛として立ち上げ、水面を覆う粉緑色の葉を滑る朝露は玉となり、穢れのない清廉な姿を観賞する。花期は7〜8月。

　ハスの歴史は古く、インドをはじめ、中国、朝鮮、東南アジア各地に残る彫刻、絵画などのモチーフとして使われています。日本では弥生、飛鳥時代の遺跡からも種子が発見され、平安から室町、江戸時代へと、庭園の池になくてはならない植物となります。江戸時代前期には大陸からハナバスが再渡来し、従来のものを「和蓮」、渡来種を「唐蓮」と区別するようになり、品種が増えます。中期には、文人の嗜みとして唐代の風流にならい、旧暦の6月24日に、夜明けとともに開花を眺める「観蓮節」が上野・不忍池で催されるようにもなります。不忍池は、現在も続く名所となっています。後期、「楽翁」と号した松平定信の「浴恩園」には、諸国から100品種前後の品種を集め、池だけでなく、蓮瓶でハスを栽培していました。同時期の「本草図譜（1828・文政11年）」では、4冊にわたり79点のハスの花容が描かれています。

アサガオ
Ipomea nil
ヒルガオ科

朝顔

種子を下剤、利尿剤など用いる薬の牽牛子（けにごし）として中国から渡来。世界各地で野生あるいは栽培逸出が見られる一年草。花は淡青色で丸咲。原産地は近年の遺伝子解析により、中南米地域と考えられている。江戸時代に見出された「変わり咲きアサガオ」は、遺伝子研究の素材として注目され、変異を起こす動く遺伝子（トランスポゾン遺伝子）などの存在が明らかになりつつある。花期は7月下旬〜9月上旬。

渡来した牽牛子は、庭園の前栽に植えられるようになり、室町時代中頃の「碧山日録」には、種を蒔くと書かれるようになっています。後の「秋草図屛風（妙興寺）」には、青花と白花が描かれ、花色に変異が出はじめていたことがわかります。江戸時代には、園芸品種が増え「初物」好きの庶民に、夏の涼を呼ぶ花として愛され縁日などで売られるようになります。「朝顔や　つるべ取られて　もらい水（加賀千代女）」からは、日々の様子が目に浮かびます。文化・文政期、目の肥えた好事家や植木屋により「変化アサガオ」が見いだされ、明治初期にかけ、数回にわたり流行期を迎えました。変化アサガオは、毎年、種子を蒔き、芸の出る系統を残す選抜を行います。現在残る品種の多くは、戦時中の困難な時期に種子を保存・栽培した愛培家や遺伝研究者による努力の賜物です。大輪のわかりやすく、はっきりとした明るい花と野生種から大きく変化した変化アサガオの複雑な芸。同じ植物とは思えない姿から歴史や営みが感じられるでしょう。

花や葉のさまざまな「変化」を愛でる。

牡 丹

中国原産の落葉低木。花期は5月。奈良・平安期に根皮を薬として用いる目的で伝来。その後、観賞用のボタンが再渡来した。中国では、八重咲きの花弁が盛り上がるように重なり、手まり状になる花を美しいとしたが、日本では、花は上向きで、茎葉の均整がとれた美しさを尊び園芸化が進められた。明治期にシャクヤクを台木とする栽培方法が確立した。

ボタンは、鎌倉時代には、宋文化の影響を受け、襖絵や蒔絵などの他、建築装飾の図柄に使われるようになりました。特に、大きく艶やかな「百花の王」とも讃えられる花と「百獣の王」とされた唐獅子とは、豪壮で華麗な取り合わせとして広まりました。
華やかな装いの貴婦人を思わる一花一花の花色や豊かな花びらに目を奪われがちですが、庭園に植えられた古木の風格あるどっしりとした樹姿をあわせて味わってほしいものです。江戸時代、花壇地錦抄では、花全体の「品」＝九品（きゅうほん）「一位、二形、三色、四重、五実、六蕊（ずい）、七葩（は）、八葉、九木」を観賞するとしました。

ボタン
Paeonia cv.
ボタン科

左のシャクヤクは草、右のボタンは木。幹の違いに注目。

樹姿全体を観賞する。

牡丹 ■ 197

芍薬

中国東北部、東シベリア、朝鮮半島北部を原産地とする多年草。大陸で園芸化されたものが薬用植物として渡来。根を貧血や痛みをやわらげる婦人薬として利用する。平安期から社寺や庭園に植えられた。花期は6月。

同属のボタンから遅れること1ヶ月、シャクヤクが開花します。「立てば芍薬、座れば牡丹、歩く姿は百合の花」は、古くから美人を形容する言葉ですが、枝が横に広がるボタンを座り姿に、すっきりとしたシャクヤクの花茎を立ち姿に見立てたのは、ごく自然なことでしょう。
栽培の歴史は古く、「延喜式」（927・延長5年完成）には、各地から典薬寮に貢進されたという記録が残ります。桃山時代には、名古屋城の杉戸絵や長谷川等伯の「花鳥図」などに、翁咲きと呼ばれる赤と白の花や冠咲きと手まり咲きの中間くらいの白のシャクヤクが描かれていることから、薬草としてだけでなく、観賞用の品種分化が進んでいたと考えられます。
花の魅力は、柔らかく繊細な花弁と、多彩な花芯の変化の組み合わせです。

シャクヤク
Paeonia cv.
ボタン科

花色だけでなく、花型もさまざま。

杜鵑草

和名は花弁の模様が鳥のホトトギスの腹の斑紋に似るからとされる。ヒマラヤを含めた東アジア特産の植物で大陸では薬に用いられた記録はあるが、観賞植物としたのは日本のみである。日本には12種1亜種4変種が自生し、人里に近い山野でもよく見られたが、近年、生育地が減少し、6種2変種が絶滅危惧種、1亜種が準絶滅危惧種に指定されている。

古くから秋の花として人々に知られ、室町時代には華道に用いられていた記録が残ります。江戸時代には、日本最初の園芸書である「花壇綱目（1681・天和1年）」や「花壇地錦抄（1695・元禄8年）」に「花さらさ成事ほととぎす羽のごとく、葉は笹のごとし」と花の形状と育て方が記され、栽培が行われていたことがわかります。後の「本草図譜（1828・文政11年）」には、6図が描かれ、内5図は、日本でよく見られるホトトギス、ヤマホトトギス、キバナノホトトギス、チャボホトトギスで主要な種が網羅されています。明治以降、台湾産のホトトギスが知られるようになり、大正から昭和にかけては積極的に交配が行なわれるようになりました。花の印象は、花のつき方で少し違います。上向きの花は渋く落ち着いた風情を、下向きのものは艶やかな印象で、日陰の庭園や切り花として利用されています。

ホトトギス
Tricyrtis cv.
ユリ科

サイシン
Asarum cv.
ウマノスズクサ科

細辛

サイシンは、常緑のカンアオイとその変種スズカカンアオイ、ヒメカンアオイ2種1変種を母体とするカンアオイ属の園芸品種の総称。古くから薬用植物として知られ、江戸時代に野生の中から、葉の模様斑や面の光沢が美しく、葉柄は緑色のものが集められた。カンアオイの名の由来は、カモアオイ(フタバアオイ)と葉型が似て、冬でも葉があるので「寒葵」から。混同されることが多い、徳川家の家紋や京都賀茂神社の社章はカモアオイ(落葉性でフタバアオイ属の別種)を象ったもの。

ツワブキ
Farfugium japonicum
キク科

石蕗

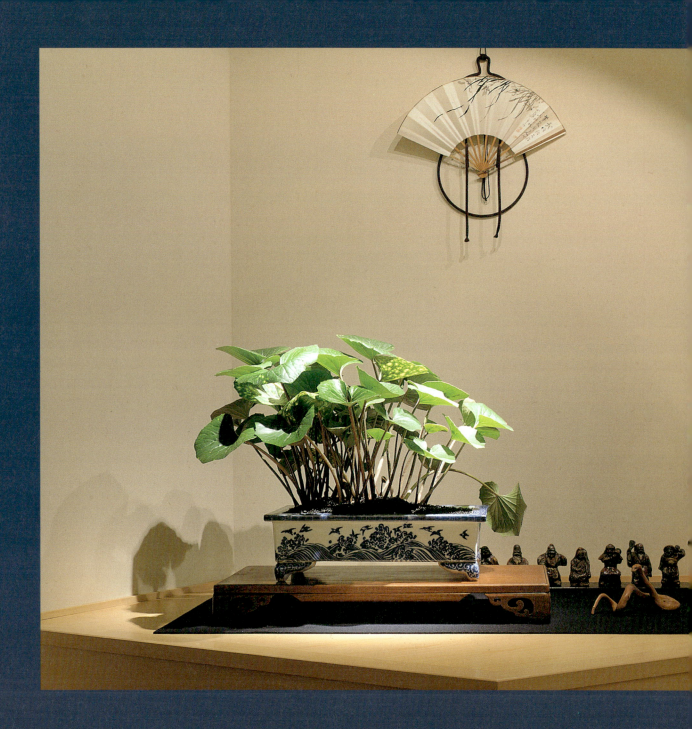

　ツワブキ属は東アジア特産のキク科植物で、日本にはツワブキと変種を含め4種が自生する。園芸植物としてのツワブキは日本産のツワブキ1種から変わり葉や黄・白色の斑入り葉、花色の変わったものを山野から選抜したものの総称。名の由来はフキに似た艶やかな葉から「艶(つや)葉(は)蕗(ぶき)」が転じたとされる。花期は10〜12月。

　ツワブキは、丈夫で日陰でもよく育ち、花の少ない晩秋から初冬まで咲き続けることから、寺院や庭園に植えられるようになり、室町時代頃から生花の花材としても用いられるようになりました。江戸時代中期から後期に「葉もの」の流行に伴い、斑入り葉や変わり葉が見出されるようになりました。「草木錦葉集」（1829・文政12年）には6品種が図入りで記載されています。微妙な変化を見せる葉の斑模様や縮れ葉などの葉芸が特に珍重され、白花、八重咲きなど花の変わりも観賞します。

葉の形や斑の入り方など、変化が大きい。

石蕗 ◼ 207

写真にはないが、花の変わりも観賞する。

松葉蘭

地球上で最も原始的な着生のシダ植物で1属1科。この珍しい植物を園芸植物としたのは世界で日本だけで、江戸中期から変わりものを山採りし、栽培するようになった。珍しい形状や色合いのものが尊ばれ、投機的な売買もなされた。絶滅危惧Ⅱ類（VU）。

マツバラン
Psilotum nudum
マツバラン科

姿や質感、実（胞子嚢）の違いを味わう。

　その名が最初に記されたのは、日本産の動物・植物・鉱物名をイロハ順に、和名と漢名出典などを付した「物品識名（1809・文化6年）」です。園芸品種は「松葉蘭譜（1835・天保6年）」に「…世に玩弄さるること僅かに六七十年来の由きけど…」と記されていることから、明和年間（1764～1771年）、安永年間（1772～1780年）には作られるようになっていたと考えられます。翌年の増補版「金生樹譜・松葉蘭譜」には、愛好家が増え、各地から野生の珍品・奇品が出てこの20年余りで100品種以上になったとし、122品種の解説と60品種の彩色画が描かれています。流行は江戸末期まで続き、図譜や銘鑑だけでなく、貧しい農夫が庭にたくさん生えていた松葉蘭を富豪の旦那に差し上げ、代わりに家屋敷をもらった、など狂乱にまつわる話も伝えられています。明治以降、品種数は減りましたが、熱心

な愛培家により栽培が続けられました。昭和初期、最も多くの品種を保有していた静岡県の植松家が長く秘蔵した55品種を、その他各地の愛好家が品種を手放したことから、栽培熱が復興し再流行します。第二次大戦で一時中断するも、昭和40年代には、再加熱しましたが、投機的な売買が栽培を熟知する愛好家に敬遠され、品種の減少を招くという負の面も見られました。一見、珊瑚にも似た、この個性的な植物を園芸化したのは日本だけです。このような珍しい植物が、なぜ、園芸化されることになったかは、はっきりしませんが、マツバランの姿全体の形の変化に当時の愛好家たちの注目が集まったと考えられます。現代のコノフィツムやサボテン、エアープランツなどにも通じる、抽象的な生きた造形美を見る感覚だったのかもしれません。

巻柏

日本にはイワヒバ属17種が分布する。このうち観賞用に選抜されたのはイワヒバ1種だけで、巻柏とはそれら園芸品種の総称名である。山野に自生するイワヒバは高さ20〜30cm、岸壁や岩上に着生する常緑のシダ植物。

小さな鱗片状の葉が密生し、枝葉が茎頂から多数放射状に分岐。葉は、乾燥すると枯れたように巻きこみ、湿気や雨など水を得るときれいに開きます。江戸時代に針葉樹に似た常緑の葉と、多様な斑が注目され、野生のものから斑入り葉や変わり葉が集められ、江戸後期には100近い品種が育成されました。

観賞するのは、ビロード状に開いた葉の色彩と形の変化です。葉の形は、ビャクシン(盆栽の真柏)のように、鱗片に覆われた細い紐状のもの、ヒノキやヒバのように扇状に鱗片が広がるものがあります。このため、石付けにされたものはミニチュアの盆栽のような印象になるものもあります。葉色は豊かで白から淡黄色、若緑色の斑が入り、湿度や温度によって、季節ごとに姿を変えます。秋には金色になるもの、赤みを帯びるものもあります。

イワヒバ
Selaginella tamariscina
イワヒバ科

葉の色彩と形の変化を楽しむ。

巻柏 213

針葉樹の盆栽のような印象を受けるものもある。

巻柏 ■ 215

シノブ
Davallia mariesii
シノブ科

忍

岩や樹木の幹などに着生する落葉性のシダ植物。太くて長い根茎をからませてシノブ玉を作り、吊(つり)シノブとした。細かく小さな葉で覆われたシノブ玉に風鈴を下げ、棒振りで市中にやってくる「しのぶ売り」は、涼を呼ぶ夏の風物詩であった。落葉性で日本に自生するシノブと、常緑性で台湾原産のトキワシノブがある。

石菖

Acorus gramineus

セキショウ

ショウブ科

日本の平地から山地の小川の縁などに自生する多年草。同属のショウブとともに、古くから目や耳の患いに薬効があるとして利用されてきた。平安末期に、帰化僧などにより、玩石とともに愛培する大陸の文化と園芸品種が日本に伝えられ、盆養のセキショウが愛培されるようになった。

　セキショウの観賞の歴史は古く、鎌倉時代の絵巻「法然上人絵伝」には、庫裡らしき建物の庭先に老木の鉢植えと袋式の香炉小鉢に植えられたセキショウの図が残されています。「春日権現験記絵（1309・延慶２年頃）」では、縁先の台に舟と呼ばれる石台を置き、この中に石を据え、まわりにセキショウ、マツと花木が寄植えされ、他に、青磁らしい水盤に石とセキショウを配したものが置かれています。こうした様子から平安時代に、大陸からの帰化僧や日本からの留学僧によって伝えられたセキショウの観賞は、「唐物」を尊ぶ教

涼しげなセキショウの鉢。葉には芳しい香りがある。

養の一つとなっていたと考えられます。室町時代には、将軍家の闘茶会の席や書院に、土を使わない「石菖盆」や「盆石」を飾ったとされ、特に、冬の「夜咄(よばなし)の茶事」では、蝋燭の油煙で濁る席中の空気を清めるため、石菖盆を置いたと言われています。江戸時代、石菖盆は書斎の机上に筆、硯、漢籍などとともに置くものとして、文人には欠かせないものとなりました。

　宝暦から文化・文政（1751〜1830年）頃には文人の作法が豊かな町人にも広がり隆盛期を迎えます。「草木奇品家雅見（1827・文政10年）」には、斑入り13品種ほか7品種、さらに通常根茎の片側にしか根を出さないセキショウのうち、両側に根を出すものを「両根の部」として12品種、計32品種の名を掲げています。後の記録では、立ち姿が美しい両根を上品とし、片根のものは雅致に乏しいとしています。「宝暦現来集（1831・天保2年）」では、政宗という一両一分で買った葉変わり品が、四日後には七両で売られ、香炉に植えた有栖川という品は、十両で買ったものをすぐさま十三両二分で売った、などと熱狂ぶりも伝えられています。明治以降も、品種の栽培は続けられ、庭園の水辺の石組などにも植えられています。また、元々盆栽のルーツとされる「盆山」とも所縁が深く、石付きのものなどを盆栽の添えとしても使われることもあります。セキショウは、水を感じさせ、芳しい香りのある葉を観賞します。灯火の煙を鎮め、学問で疲れた目を休めたとされた草姿は、涼気を誘います。セキショウを植えるために、焼かれた専用の染付けや瑠璃釉の水盤の中には、上の写真のように水を張ることができる仕切りがある伝世品も残されています。

繊細な葉姿、葉の色の違いを楽しむ。

石菖 ■ 221

万年青

日本の暖地・林床に自生する常緑多年草。葉は万年青葉、茎は万年青根という生薬で、漢方では強心、利尿薬として用いられる。四季を通じて緑の葉を保つ吉祥の植物として、庭に植えたり、立花の素材にされたりする。葉に変化のある園芸品種は、現在も約500品種があるとされる。

オモトは古来、薬用として、常緑の緑葉を持つ霊草として、庭園の下草、生花などに利用されてきました。葉芸を楽しむ品種が見出されるようになるのは江戸時代。幾度となく流行期があり、葉の芸は多彩。現代まで続く葉ものの王様と言えます。見るべきポイントは、3つ。1つ目は、豊かな濃い緑色の葉。これは、斑や縞の色、模様が引き立つだけでなく、斑が焼けていたりカールする葉が折れたりしていないか、栽培への心がけ「作」の良さが現れる一番大切な点です。2つ目は草姿。左右対称で高さとのバランスが良く、シンメトリーであること。重なり合う葉の間隔を整えたいときには、葉を傷つけないように木炭などを挟んで1ヶ月から2ヶ月おくなどすることもあります。3つ目は、葉の色や形、株の大きさにあった鉢を使い、化粧砂の色合いにも気を配ることです。オモトが葉ものの王様と言われる所以は、大きな時代の移り変わりの中でも、脈々と品種が受け継がれてきたこと。そして、飾るときに細やかな気配りをした作法が大切にされてきたことです。江戸時代の図譜「小不老草名寄七五三」には、色鮮やかな鉢に植えられたオモトが描かれています。錦鉢や腰高の磁器、陶磁器の鉢など、葉の形や色などによって鉢を選んでいた様子がうかがえます。座敷飾りには、卓や飾り棚も使うことから鉢だけでなく、空間との調和や持ち主の美意識などが現れるため、持ち主のセンスも重要な要素です。

オモト
Rohdea japonica
キジカクシ科

葉の色、草姿、鉢との相性を観賞する。

艶やかな実も美しい。

万年青

葉蘭

中国に自生するハラン属10種以上のうち、1種が古い時代に日本に渡来。古くから防腐効果を期待し、食べ物を包むのに利用された。不浄を払い、邪気を避ける植物として庭園の日陰や手水鉢、つくばいの水のあるところに植えられ、いけばなの「葉もの」としても重要な花材の一つとなった。

ハランは、不浄や邪気を払うという陰陽道の考えに基づくだけでなく、日陰や寒さに強く一年中青々としているという性質から、現在でも庭園の重要な構成要素です。
室町時代、生花で、「葉組」と呼ばれる葉の「出生」に基づき、葉を組み直し「役枝(やくえだ)」の形姿を仕立てる方法で使われるようになりました。葉柄を中心に左右の幅が違う葉を表葉にしたとき、広い方が右に来る葉を「右葉」、左に来る葉を「左葉」と区別し、奇数枚(陽)に生けるとし、花器や枚数に合わせた生け方の図が多くの花伝書に残されています。この頃から斑入りのものがあったと考えられますが、記録して残る葉変わりは、江戸時代、「花壇地錦抄」(1695・元禄8年)に星斑と縞斑の2品種。後の「草木錦葉集」(1829・文政12年)には、6品種の図が描かれています。
様々な植物で見ることができる斑入りですが、中でもハランは濃緑色と白い斑模様のコントラストがその大きな葉に現れ、迫力があります。大きな株では、一葉一葉微妙に違う斑が入り、その変化も見応えがあります。元来、丈夫な植物ですが、斑の部分が焼けて茶色になってしまうため、斑入りの品種は色をきれいに出すため、遮光や水やりに細やかな気配りが必要とされます。

葉の形や草姿、斑の入り方の変化を味わう。

ハラン
Aspidistra elatior
キジカクシ科

南天

　1属1種の常緑樹。南西日本の暖帯に野生するが、本来の自生かどうかは不明。花期は5〜6月。漢名「南天木」の略称「南天」が「難転」に通じることから「成天」とも呼ばれて家庭円満と願望成就の吉祥木とされ、平安期から植栽されるようになった。葉だけでなく、実つきの枝を進物に添えたり、花材として祝い事の床に活けたりして利用される。

ナンテン

メギ科
Nandina domestica

ナンテンは、古くから実が薬に利用され、「難を転ずる」の意から、縁起木として庭の下草や生け花、料理の「つま」などとして使われてきました。

普通の赤い実に加え、白実など色変わりや、葉・枝が変化したものが注目されるようになったのは江戸時代。芸が現れたものの種子をまき、その中から新しい品種が選ばれました。

葉が細く小さく糸状になったもの、葉が茎の一部のようになったもの、捩じれるもの、茎が何本か合着したようなものなど変わりものがたくさん見出されました。見どころは、これらの繊細な葉。普通の葉を持つ物に比べ大きくならないため、鉢植えにし、新葉の色や茎の色、形の違い、また、それぞれの芸の組み合わせを楽しみます。こうした葉変わりは、あまり目にする機会はないものですが、中にはその特性が活かされ、利用されるようになったものもあります。矮性のオタフクナンテンは、茎が高く立ち上がらず、葉がこんもりと丸くなります。自然に樹姿が整い、葉色に変化もある造園材料として、建物回りや花壇などに数多く植えられるようになっています。

ナンテンは繊細な
葉芸が見どころ。

万両

本州（関東以西）、四国、九州、琉球の常緑樹林の林床に自生する常緑小低木。同属のヤブコウジ、カラタチバナとともに冬でも葉が青く、赤い実をつけることから、古くから縁起のよい植物として庭などに植えられ、正月の床飾り・生け花などにも使われてきた。実が白色のシロミノマンリョウと黄色のキミノマンリョウは変種に分類されている。

葉の形や斑の入り方、実の色を楽しむ。

マンリョウ
Ardisia crenata
ヤブコウジ科

カラタチバナ
Ardisia crispa
ヤブコウジ科

百両金

本州（茨城・新潟以西）、四国、九州、琉球の常緑樹林の林床に自生する常緑小低木。同属のマンリョウ、ヤブコウジともに冬でも葉が青く、赤い実をつけることから、古くから縁起のよい植物として庭などに植えられた。他の2種に比べると葉が大きく、変化の幅が広い。通常の赤い実のほか、黄色のキミタチバナ、白色のシロミタチバナもある。

古くから、縁起の良い植物として庭園に植えられてきました。葉変わりは、江戸時代、寛政年間（1789〜1801年）にヤブコウジとともに流行が始まり、木村俊篤「橘品類考」、弄花亭主人「橘品」、黄道沙門「たちばな種芸の法・素封篇」などが刊行されました。文化・文政期（1804〜1830年）には、第二の流行期を迎え、「草木錦葉集」（1829・文政12年）には、39品種の図が描かれ、50品種の解説が記載されるほどになりました。当時は、金生樹とも呼ばれ、漢字名の「百両金」は、百両以下では買えないという意味の命名とされ、オモトやマツバランなどと同様に投機の対象にもなりました。

その魅力は、濃緑色から鮮やかな黄緑、さまざまな斑が入る葉。芸により、うねる長く大きな葉や幹、その樹姿。マンリョウのどっしりと重厚な印象に対して、幽玄で憂いを含んだ趣があります。こうした品種は、野生種に比べて弱く、生長は緩やかで、弱光下での栽培を要します。写真のような風格のある姿は、その芸に惹かれた栽培者が、長い年月と高い栽培技術をもって、生み出した情熱の結晶と言えます。

幹の色も鑑賞のポイント。

実の色は白色、黄色、薄桃色、赤色、濃い赤紫などさまざま。

北海道（奥尻島）、本州（茨城・新潟以西）、四国、九州の丘陵地林内に自生。同属の2種に比べて丈が低く、走茎で地際に広がる。葉変わりのある株は、枝ごとに異なる変化を見せることもあり多彩。実色の変化は少なく、シロミヤブコウジがある。江戸末期には金生樹（換金植物）として大流行し、明治中期の流行期には投機的な売買がなされた。

ヤブコウジは冬でも艶やかな赤い実をつけ、縁起の良い木として古くから庭園に植えられてきました。万葉集にも山橘の名で「この雪の消残（けのこ）る時にいざ行かな山橘の照るも見む」と詠まれています。人里に近い林床に生え、冬に赤い実をつけるヤブコウジ、カラタチバナ、マンリョウの3種が当時、厳格に区別されていたかは不明ですが、室町時代後期に記したとされる「古今栄雅抄」の註には、「山たち花世俗にやぶかうじと云　実あかし　髪そぎの時山管に添える草なり」と記

紫金牛

ヤブコウジ
Ardisia japonica
ヤブコウジ科

され、山橘はヤブコウジを指すとされています。この儀式は、古来、髪や爪は身体から切り離されても元の身体とのつながりを保つと考えられ、吉日吉事を選んで執り行われました。髪を削ぐ人が手を洗うための角盥には、吉方から汲んできた水と吉方の石、山菅（ヤブラン）と山橘（ヤブコウジ）を入れました。石には長い年月変わらない強硬な性質、山菅にはその繁殖力、山橘には寒さや霜に負けぬ緑にあやかって長寿と健康、そして髪が豊かに育つようにとの願いを込めたとされています。

人々の生活と長い関わりのあるこの植物の葉変わりの品種が見いだされるようになったのは、カラタチバナと同様に江戸時代、寛政年間（1789〜1801年）。第二の流行期に刊行された「草木錦葉集」（1829・文政12年）には、詳細な品種解説と白斑23品種、黄斑8品種、覆輪5品種、別斑6品種、葉変わり12品種の計54品種が記され、内41点の図が添えられています。

238 ■ 紫金牛

　ヤブコウジの魅力は、斑模様の多彩さ。同属の2種に比べ群を抜いています。特に、葉の縁に現れるコンペと呼ばれる突起は、大小さまざまな大きさのものが不規則に現れ、斑模様の色の組み合わせにより華やかな印象を与えます。実の色に変化があるものは少ないながら、背丈が大きくならず這性で低く地面を覆い、強健な品種は有望な日陰の庭園素材です。古くから栽培され、和の印象を持たれがちですが、決まった見方から離れ、新たな素材として再認識してほしい植物の一つです。

ラン科
Dendrobium moniliforme
チョウセイラン=セッコク

ヤブコウジの魅力は、斑模様の多彩さ。同属の2種に比べ群を抜いています。特に、葉の縁に現れるコンペと呼ばれる突起は、大小さまざまな大きさのものが不規則に現れ、斑模様の色の組み合わせにより華やかな印象を与えます。実の色に変化があるものは少ないながら、背丈が大きくならず這性で低く地面を覆い、強健な品種は有望な日陰の庭園素材です。古くから栽培され、和の印象を持たれがちですが、決まった見方から離れ、新たな素材として再認識してほしい植物の一つです。

富貴蘭＝風蘭

フウランは日本の暖地の樹上や岩上に自生する野生ラン。江戸中期、この中から形態、葉、根、花色など、変化があるものを選び出したものがフウキランと呼ばれた。絶滅危惧Ⅱ類（VU）。

江戸時代、11代将軍家斉が愛培したことから、大名から各地の変わり物が献上され、栽培が武士から豪商などへも広がったとされています。参勤交代の途上、大名が籠の中に吊るして、清香を楽しんだともいわれることから、当初は花の香りが重用されたのでしょう。後に葉の変化が注目され、軸・付け・根先の色、花の芳香などの植物全体の複合芸を観賞するようになりました。

フウランは樹木に着生し、風通しの良いところで育つ植物であるため、観賞はその特性に合わせたものとなりました。通気性が良い楽鉢や透かし鉢に、中央を盛り上げ、根を上に覆いかぶせるように高植えします。こうすることで、葉の軸・付け・根先の色の微細な変化がよく見られるようになります。江戸時代、極上の品や献上品には、各藩のお庭焼きなどで作った専用の装飾鉢に高植えをし、上から金や銀細工の網をかけ、古代錦の紐を結んで茶室や床の間などに飾り、刀剣の観賞作法に従って、息のかからないように懐紙を口にして観賞したといわれています。

フウキラン＝フウラン
Vanda falcata
ラン科

葉の変化や花の香りなど、全体の複合芸を観賞する。

チョウセイラン＝セッコク
ラン科
Dendrobium moniliforme

242 ■ 長生蘭

長生蘭＝石斛

チョウセイランは、岩手県以南の常緑樹林内の樹上や岩上に着生する小さなランであるセッコクから、江戸期、葉や軸、花に変化があるものを選び出したものを指す。セッコクの名は中国の生薬に由来し、茎が人参に匹敵する滋養強壮などに効くとして利用され、日本での栽培の歴史は古い。花期は5～6月。花色は白～淡桃色。

セッコクは、薬用として「延喜式（927・延長5年完成）」にも記され、長い歴史を持つランです。江戸中期、マツバラン、サイシンなどとともに、葉に変化が現れたものが「長生草」として注目されるようになりました。

観賞は、茎や葉に現れる微細な斑や縞の模様など、その変化に富んだ葉芸が中心です。品種により草丈にも幅があり、小さなもので3cm前後、大きくても10cm以下です。小さな姿の中にある、様々な芸の組み合わせを見るのも一興。鉢は、高めの黒色や錦鉢など風通しの良い楽鉢を使い、植え付けはフウキランと同じように、土は使用せず、鉢中に筒を入れ空洞にするか、木炭を使います。その上に水苔を高く盛って広げ、馬乗りするように高植えし、草姿全体が見られるようにします。近年は、花弁の数や形、色など花の変化も注目されるようになりました。セッコクは、華やかな洋ランの一種デンドロビウムと同属です。小さな姿に咲く可憐な花は、洋ランとは違った魅力があります。

独特な植えつけ方で草姿と鉢全体を楽しむ。

擬宝珠

東アジア特産の植物で、分類には諸説あり30〜50種あると言われている。古くから美しい葉が観賞に供されただけでなく「うるい」の名で食用とされ、早春、店先に並ぶ。欧米に移入されたギボウシは、「庭園の作り方を変えた」と言わしめるほど有用なグランドカバーとなった。多くの園芸品種が作出され、現在では日本に逆輸入されている。

ギボウシの様々な葉芸は海外で人気を呼んだ。

擬宝珠 ぎぼうし

ギボウシの名の由来には諸説あり、一つ目は、花茎の先端につく苞（花の集まり）が宝珠の形に似る擬（なぞらえる）宝珠、の意。二つ目は、ネギの花、葱坊主に似ることからなまって、葱法師。三つ目は、葉形が橋の欄干柱頭などにつけられる飾り「宝珠」に似ているので擬宝珠。これは逆の説もあり、飾りがギボウシの葉に似ていたからとも言われています。いずれにせよ、人々の暮らしに身近な植物であったことを示しています。古くから庭園に、有用な根締めとして、時に食用として植えられてきました。11世紀初頭に成立したものと推定される「作庭記」では、遣り水の植栽に適した植物の一つとしてギボウシの名を挙げています。

分類に諸説あるように、地域による変異が多く、同一種の中でも変化が見られます。江戸時代「地錦抄附録（1733・享保18年）」には、3品種が記載されています。これらは野生の変異種と考えられます。後の、鉢植えの流行に伴い、小型の斑入り葉などを鉢に移して観賞するようになりますが、身近で栽培が容易なギボウシには大きな流行は見られませんでした。戦後、家の作りや庭の変化や欧米からの逆輸入により見直されて、その魅力が再認識されるようになりました。

斑入り植物

その植物本来の色とは異なる色が葉や茎などにまだら状に入る「斑入り」は、どの植物にも現れる現象。自然界では、葉全体が（本来の）有色のものに比べると生長が遅く、色が抜けた部分が多いと枯れるリスクも高いが、日本では、江戸時代に観賞の対象となり、多くの植物で斑入り植物が見出された。

江戸時代に武家文化の一つとして広がった園芸はツバキ、カエデ、ツツジなど樹木から始まり、キク、ハナショウ、フクジュソウなど草本へ。誰にでもわかる美しさを持つ植物から、好事家による斑入り、葉変わり、矮性など珍品・奇品の栽培へと広がっていきました。当時の隆盛は「草木奇品家雅見・繁亭金太（1827・文政10年）」、「草木錦葉集・水野忠暁（1829・文政12年）」の他、品評会の様子を

描いた錦絵、番付表などから知ることができます。簡単に栽培し、殖やすことが難しいものは高値で取引され、好事家・利殖家が投機の対象にするようになりました。

中でも斑入り植物は、幕末日本を訪れたロバート・フォーチュンに「染井や団子坂の苗木園のいちじるしい特色は、多彩な葉を持つ観葉植物が豊富にあることだ。ヨーロッパ人の趣味が、変わり色の観葉植物と呼ばれる、自然の珍しい斑入りの葉を持つ植物を賞賛し、興味を持つようになったのはつい数年来のことである。これに反して、私の知る限りでは、日本では千年も前から、この趣味を育ててきたということだ」と記し、植物名を挙げてその美しさと豊かさを賞賛しています。これは、世界に先駆けて、葉を愛でる日本独自の園芸文化が根付いていたことを教えてくれます。

斑入り植物 251

身近な植物も、斑が入ることで
大きく印象が変わる。

索引

【ア】

アカマツ（赤松）································060

アケビ（木通）································154

アサガオ（朝顔）······························192

（192頁）名古屋アサガオ（切込み作り）

（193頁上段左から）大輪アサガオ（行灯仕立て）、大輪アサガオ（行灯仕立て）

（193頁中段左から）変化アサガオ　黄斑入蜻蛉葉紅白咲分丸咲、（左奥）黄斑入蜻蛉葉紅白咲分丸咲、（右奥）青斑入蝉葉枝垂赤大輪、（左手前2鉢）青柳葉紫撫子采咲、（右手前）黄縮緬葉白木立台咲

（193頁下段左から）黄孔雀葉赤紫丸咲、青斑入並葉石化桃覆輪丸咲、青姫孔雀葉捻梅咲、黄孔雀葉赤紫丸咲牡丹、青縮緬立田芝舟龍葉白筒紅車咲牡丹、青姫孔雀葉采咲牡丹、青縮緬尾長立田芝舟龍葉白筒紅車咲、青蜻蛉葉紫木立丸咲、青斑入蝉葉紅白咲分丸咲、青斑入蝉葉桃覆輪木立丸咲、青斑入蝉葉枝垂紫大輪、黄縮緬葉白木立台咲

アシ（葦）··································157

アジサイ（紫陽花）····························162

（162頁左から）キヨスミサワアジサイ、エゾアジサイ'蝦夷錦'、アジサイ（黒軸）、アジサイ（斑入り）

（163頁上左から）アジサイ（石化八重）、アマギアマチャ、アジサイ（石化八重黒軸）、ヤマアジサイ'くれない'

（163頁下）カシワバアジサイ'ハーモニー'

（164頁左から）ベニガクアジサイ、ヤマアジサイ'くれない'、キヨスミサワアジサイ、ヤマアジサイ'黄冠'、アジサイ（黒軸）、アジサイ（斑入り）

（165頁上から）アジサイ（黒軸）、アジサイ（斑入り）

（166頁上から）エゾアジサイ'蝦夷錦'、アジサイ（ナデシコ花）

（167頁）アジサイ　おたくさ

イチジク（無花果）····························155

イワヒバ（巻柏）······························212

（212頁）'九重錦'、

（213頁上左から）'紅玉錦'、'九重錦'、'富士之華'、'白牡丹（はくぼたん）'、'白綾'、'旭龍'、'紅玉錦'、'春日錦'、

（214頁上段左から）'深山錦'、'都紅'、'春日錦'

（214頁下段左から）'金龍'、'金麒麟'、'雲井鶴'、'鏡獅子'、'楊貴妃'、'富鷹之華'

（215頁上段左から）'紫玉（しぎょく）'、'妙秋'

（215頁下段左から）'群青錦'、'紫玉'、'玉獅子'、'都紅'、'妙秋'

ウメ（梅）··································108

ウメモドキ（梅擬）····························148

エゾマツ（蝦夷松）····························067

オモト（万年青）······························222

（222頁）'外輪山'（大葉）

（223頁上段左から）'松の誉'（小葉）、'波濤'（薄葉）、'鶴裳'（中葉）、'瑞泉'（小葉）、'典麗の松'（小葉）

（223頁下段左から）'千代の舞'（小葉）、'文鳥丸'（中葉）、'太陽'（小葉）、'外輪山'（大葉）、'金閣'（小葉）、'富士の雪'（中葉）、'鶴の舞'（小葉）

（224頁上段左から）'新生殿'（小葉）、'富士の雪'（中葉）

（224頁下段左から）'明星'（中葉）、'東天光'（大葉）、'泉龍獅子（りゅうしし）'（中葉）

（225頁上左から）'錦麒麟'（大葉）、'東天光'（大葉）、オモト実生（獅子葉）、'残雪'（大葉）

【カ】

カエデ・モミジ（楓・紅葉）······················082

カキツバタ（杜若）····························168

（168頁）'波間八重'、（169頁上左から）'濡燕'、'春の浪'、'からくれない'、'宵の蛍'、'鷲の尾'、'袖の香'

（170頁）'宵の蛍'

ガマ（蒲）··································158

カラタチバナ（百両金）························232

（232頁）'国光達磨'

（233頁左から）'柿葉錦'、'紫竜錦（しりゅうにしき）'、'前田の誉'、'松平孔雀'、'孔雀大和'、'国光達磨'、'紫国光'

（234頁）'紫竜錦'

（235頁上左から）'赤木国光達磨'、'萬宝龍（まんぽうりゅう）'、'黄金小判'、'国光達磨'

カリン（花梨）······························126

キク（菊）··································176

（176頁）'新歌（しんうた）'小菊前垂懸崖仕立て

（177頁上左から）'国華越山'厚物だるま作り三本仕立て、'国華金山'厚物だるま作り三本仕立て、'泉郷富水（せんきょうふすい）'管物だるま作り三本仕立て、ノギクの一種

ギボウシ（擬宝珠）····························244

（244頁左から）コバギボウシ'シロカビタン'、ギボウシ'霊峰'、マルバタマノカンザシ、コバギボウシ'カビタン'（黄色紺覆輪）、トウギボウシ（長大銀葉）、スジギボウシ、トクダマ、オウゴンアマギギボウシ

（246-247頁）ギボウシ席飾り

（247頁下段）トウギボウシ（長大銀葉）

（248頁）トウギボウシ（長大銀葉）

（249頁上左写真左から）コバギボウシ'文鳥香（ぶんちょうこう）'、トクダマ、オトメギボウシ（白深覆輪）、サイゴクイワギボウシ、

（249頁上右写真左から）コバギボウシ'シロカビタン'、コバギボウシ'津軽小町'、コバギボウシ'カビタン'（黄色紺覆輪）

（249頁右写真）トウギボウシ（長大銀葉）

クロマツ（黒松）······························050

ケヤキ（欅）································149

コナラ（小楢）······························151

ゴヨウマツ（五葉松）··························034

【サ】

サイシン(細辛) ……………………… 204
(204頁上・下)'雪月花'
サツキ(皐月) …………………………… 100
サクラ(桜) ……………………………… 118
サクラソウ(桜草) ……………………… 184
(184頁)雛段飾り
(185頁上左から)'京鹿子'、実生'松の雪'、'浜名の重'、野生種 白花(八ヶ岳〈長野・山梨〉産)、野生種 濃紅色(栃木産)、'鏡帛'
サザンカ(山茶花) ……………………… 186
(186・187頁)'おもかげ'(ハルサザンカ群)
(188頁)'福雀(ふくらすずめ)'(サザンカ群)
(189頁上左から)'池上紅'(交配種)、'曳馬乙女'、サザンカ(交配種)、'六歌仙'(ハルサザンカ群)
サンザシ(山査子) ……………………… 128
シデ・ソロ(四手・そろ) ………………… 096
シノブ(忍) ……………………………… 216
シャクヤク(芍薬) ……………………… 198
(198頁)'春の装'
(199頁)'たわむれ'
(200頁左から)'夕映え'、'氷点'、'かがり火'、'あかつき'、'恋唄'
(201頁)'春日'
シロバナヒガンバナ(白花曼珠沙華) ……… 160
シンパク(真柏) ………………………… 074
スギ(杉) ………………………………… 071
ススキ(薄) ……………………………… 156
セキショウ(石菖) ……………………… 217
(217頁)'五十鈴川'
(218-219頁上段左から)セキショウ(無名品種)、セキショウ(無名品種)、'谷間の雪'、'朧月'
(218-219頁下段左から)セキショウ(無名品種)、'朧月'、'五十鈴川'、'天鵞絨'
(220頁上左から)'黄金'、'正宗'、'金銀昼夜'、'谷間の雪'、セキショウ(無名品種。内側に仕切りのある水盤)、
(221頁棚上左から)セキショウ(無名品種)、'針屋覆輪'
(221頁棚下左から)'正宗'、'天鵞絨'、'五十鈴川'、'黄金鳳'
(221頁下写真上段左から)'谷間の雪'、'天鵞絨'、'黄金'
(221頁下写真下段左から)'朧月'、'針屋覆輪'、'金銀昼夜'

【タ】

チョウセイラン=セッコク(長生蘭=石斛) ……… 242
(242頁上から)'金龍'、'富士丸'
(243頁上左から)'銀龍'、'阿波針紅'、'奄美の縞'、'極黄流'、'金龍'、'天女冠'、'京丸牡丹'
ツツジ(躑躅) …………………………… 098
(098頁)ヒラドツツジ
(099頁)ミヤマキリシマ
ツバキ(椿) ……………………………… 132
ツワブキ(石蕗) ………………………… 205

(205頁)'神楽獅子'(縮緬葉、星斑)
(206頁)'浮雲錦'(白掃込斑)
(207頁上段)紅葉葉 変化の度合いが異なる3品
(207頁中段左から)'錦月'(黄中斑)、'天星'(星斑)、'神龍'(矮性種)、'浮雲錦'
(207頁下段)'浮雲錦'
(208頁上段左から)'錦月'、'天星'、'神龍'、'浮雲錦'、
(208頁下段左から)'牡丹大葉'(獅子葉)、ツワブキ(普通種)
トショウ(杜松) ………………………… 080

【ナ】

ナデシコ(撫子) ………………………… 190
ナンテン(南天) ………………………… 228
(228頁)キンシナンテン'遠州錦糸'
(229頁左から)'曽我筏錦糸'、'青棒錦糸'、'千鳥錦糸'、'折鶴うるみ'、'祝鶴錦糸'、'玉姫錦糸'、'折鶴筏錦糸'
(230頁)キンシナンテン'織姫'
ニッコウキスゲ(日光黄菅) …………… 159
ノイバラ(野茨) ………………………… 152

【ハ】

ハナショウブ(花菖蒲) ………………… 172
(172頁)肥後花菖蒲の品種いろいろ
(173頁上から)'仙女の洞'、'夏姿'
(175頁上左から)'浅妻舟'、'長生殿'、'十二単衣'、ハナショウブ(斑入り)、'万代ノ波'、'爪紅'、'淡仙女'、'葵形'、'万代ノ波'、'栄紫'、'座間の森'、'亀の井'
ハナバス(花蓮) ………………………… 191
(191頁)'紅辺玉碟'
ハラン(葉蘭) …………………………… 226
(226頁左から)ハラン(峨眉山産)、ハラン(縞斑)、ハラン(縞斑)、'雪光冠'、ハラン(星斑)
(227頁上左から)ハラン(縞斑)、'曙'(散斑)、'曙'(爪斑)、'天の川'(星縞斑)、ハラン(縞斑)
ヒノキ(檜) ……………………………… 072
ヒメシャラ(姫沙羅) …………………… 138
ヒメリンゴ(姫林檎) …………………… 130
斑入り植物 ……………………………… 250
(250頁)フジ、(251頁左側)ウバメガシ
(251頁右側上段左から)ジンチョウゲ(二重覆輪)、ジンチョウゲ(深覆輪)、ノブドウ、ジンチョウゲ(中斑)、キヅタ
(251頁右側下段左から)チャ、サンゴジュ、ネズミモチ、ノウゼンカズラ、クチナシ
(252頁上から)テイカカズラ、ウチワサボテン
フウキラン=フウラン(富貴蘭=風蘭) …… 240
(240頁)フウラン(普通種)
(241頁上左から)フウキラン'御城覆輪'、'御城覆輪'、'立司殿'、フウラン(普通種)、'猩々'、'紅雀'、'富嶽'、'玉金剛'、'天恵覆輪'、'翡翠'
フクジュソウ(福寿草) ………………… 178

（178頁手前から）'福禄寿'、'紅撫子'

（179頁上左から）'紅撫子'、'撫子'、'秩父紅'

フジ（藤）……………………………………140

ブナ（橅）……………………………………150

ボケ（木瓜）…………………………………131

ボタン（牡丹）………………………………194

（194頁左から）'初日出'、'小町白'

（195頁）'ハイヌーン'

（196頁左から）シャクヤク'恋唄'、ボタン'新島の輝'、'新島の輝き'、'緋の司'

（197頁）'村松の雪'

ホトトギス（杜鵑草）………………………202

（202頁）キイジョウロウホトトギス

（203頁上段左から）ニイタカホトトギス（台湾産）、キイジョウロウホトトギス

（203頁中段）ホトトギス'白楽天'

（203頁下段左から）ホトトギス'紫光'、ジョウロウホトトギス、ホトトギス、ホトトギス'松風'、ホトトギス（斑入り）、ホトトギス'白楽天'、タイワンホトトギス'桃源'

【マ】

マツバラン（松葉蘭）………………………209

（209頁）マツバラン

（210頁上左から）'白龍雀'、'鳳凰縮緬'、'富士ノ雪'、'三光錦'、'玉巻龍'、'羅紗麒麟'

（210-211頁下左から）'九十九金斑'、'大和錦'、'錦玉'、'古今蘭'

（211頁上左から）'琴絲柳'、'緑晃錦'、'神龍角'、'白龍雀'

マンリョウ（万両）…………………………231

（231頁）'福包'（変わり葉）、品種いろいろ

【ヤ】

ヤブコウジ（紫金牛）………………………236

（236頁）'御所車'

（237頁）、ヤブコウジ（白実）

（238頁上左から）'白王冠'、'天の川'（赤軸白斑）、'日の司'、'縮緬'

（239頁）'糸錦'

ヤマガキ（山柿）……………………………146

ヤマナシ（山梨）……………………………129

ユキワリソウ（雪割草）……………………180

（180頁下）'佐州夜桜'

（181頁上から）'越後美人'、菊葉（葉芸）、萌緑葉（葉芸）、'刀泉'

（182頁上）'天紫笠'

（182頁下左から）'初冠雪'（白本斑 葉芸）、金魚葉（葉芸）、本斑（葉芸）、白散斑（葉芸）、キメラ斑（葉芸）、

（183頁上から）'紫大明'、寄せ植え

参考文献

◎小笠原亮・山口安久「伝統園芸植物と盆栽」NHK出版 2005

◎柏岡精増三・荻巣樹徳監修「絵で見る伝統園芸植物と文化」アボック社 1997

◎「園芸植物大事典」小学館 1994

◎佐竹義輔・大井次三郎他編「日本の野生植物・草本」平凡社 1985

◎佐竹義輔・原寛他編「日本の野生植物・木本」平凡社 1993

◎磯野直秀著「日本博物誌総合年表」平凡社 2012

◎園芸ガイド別冊①「趣味の古典植物」主婦の友社 1975

◎ガーデンライフ「古典園芸植物・種類と作り方」誠文堂新光社 1977

◎磯部実「図解古典園芸植物の作り方・楽しみ方」誠文堂新光社 1988

◎横井政人・広瀬嘉道「原色斑入り植物写真集」誠文堂新光社 1979

◎ガーデンライフ「日本の園芸ツツジ」誠文堂新光社 1979

◎内藤登喜夫「ゆきわりそう」淡交社 1989

◎桐野秋豊「色分け花図鑑椿」学研 2005

◎永田敏弘「色分け花図鑑花菖蒲」学研 2007

◎堀内一博「ポケットカラー事典長生蘭」三心堂出版社 1997

◎榊莫山「フウラン」NHK出版 1976

◎北村四郎「菊」保育社 1963

◎日本ぼたん協会編「現代日本の牡丹・芍薬大図鑑」講談社1990

◎ガーデンライフ 誠文堂新光社 1962〜1990

◎国立歴史民俗博物館「伝統の朝顔Ⅰ〜Ⅲ」1999〜2000

◎国立歴史民俗博物館「さくらそう」リーフレット

◎飛田範夫「日本庭園の植栽史」京都大学学術出版会 2002

◎湯川制「伝花事典」東京堂出版 1976

◎塚本洋太郎「花の美術と歴史」河出書房新社 1975

◎中村修也監修「茶道・香道・華道と水墨画・室町時代」淡交社 2006

◎伊藤伊兵衛「花壇地錦抄・増補地錦抄・広益地錦抄・地錦抄附録復刻版」八坂書房 1983

◎森銑三・北川博邦監修「近世風俗見聞集6・7」吉川弘文館 1982

◎上野益三「草木奇品家雅見 解説」青青堂出版 1975

◎北村四郎・塚本洋太郎「草木錦葉集 解説」青青堂出版 1977

STAFF

編　　　者　　盆栽・伝統園芸植物の鑑賞知識製作委員会

監　　　修　　山口安久 ［ やまぐち・やすひさ ］

株式会社 樹芸（姫柿を育てる会・本部）代表取締役。1967年から大宮盆栽村（現・埼玉県さいたま市北区）にある盆栽園と雑誌『自然と盆栽』で修業を積み、1971年には千葉県柏市に「柏芳園」を開く。その後、本邦初の庭園盆栽美術館「瑞祥園」の設立に参加、日本盆栽協同組合理事（8年）、浜名湖花博「園芸文化館」で伝統園芸植物展示制作など、伝統園芸文化の普及、発展に尽力。1983年から2017年まで、宮内庁（現・宮内省）所蔵の盆栽の手入れに携わっていた。

執　　　筆　　竹森良一 ［ 偶庵 ］「盆栽」担当
　　　　　　　松井美子 「伝統園芸植物」担当
デザイン・装丁　千葉隆道・兼沢晴代 ［ MICHI GRAPHIC ］
イ ラ ス ト　　高柳良夫・高柳一紅
写真協力（一部）　NHK出版 ［ 撮影:筒井雅之、福田稔 ］
編 集 協 力　　和田士朗 ［ knowm ］

銘品、器、伝統と歴史、見方のルールを知る
盆栽・伝統園芸植物の鑑賞知識

2017年12月20日　発　行　　　　　　　　　　　　　　　　　NDC627

編　　　者　　盆栽・伝統園芸植物の鑑賞知識製作委員会
発 行 者　　小川雄一
発 行 所　　株式会社誠文堂新光社
　　　　　　　〒113-0033　東京都文京区本郷3-3-11
　　　　　　　［ 編集 ］TEL.03-5800-3616
　　　　　　　［ 販売 ］TEL.03-5800-5780
　　　　　　　http://www.seibundo-shinkosha.net/
印 刷・製 本　　大日本印刷株式会社

©2017, Seibundo Shinkosha Publishing Co., Ltd.
Printed in Japan

検印省略
落丁、乱丁本は、お取り替えいたします。
本書掲載記事の無断転用を禁じます。

本書のコピー、スキャン、デジタル化等の無断複製は、著作権法上での例外を除き、禁じられています。本書を代行業者等の第三者に依頼してスキャンやデジタル化することは、たとえ個人や家庭内での利用であっても、著作権法上認められません。
本書に掲載された記事の著作権は当社に帰属します。これらを無断で使用し、展示・販売・レンタル・講習会などを行うことを禁じます。

JCOPY ＜（社）出版者著作権管理機構 委託出版物＞
本書を無断複製複写（コピー）することは、著作権法上での例外を除き禁じられています。
本書を複写される場合は、そのつど事前に、（社）出版者著作権管理機構（電話 03-3513-6969／FAX 03-3513-6979／e-mail:info@jcopy.or.jp）の許諾を得てください。

ISBN978-4-416-51608-9